# cuillères et verrines

# cuillères
# et verrines

EDITIONS ATLAS

Édité par:
Éditions Glénat


Editions Glénat
Couvent Sainte-Cécile
37, rue Servan
38000 Grenoble

Cet ouvrage est une édition partielle de l'encyclopédie « Verrines, cuillères et petits plats » publiée par les Éditions Atlas, œuvre collective à laquelle ont contribué Emmanuelle Naddeo, directrice de collection et auteur ; Christine Serbource, auteur.

Crédits photographiques :
Couverture : Roulier/Turiot/Photocuisine
Intérieur : Philippe Exbrayat

Mise en pages et fabrication: Glénat Production.



Achevé d'imprimer en août 2013 en Espagne par Indice S.L.
Calle fluvia num.81-87 Bajos
08019 Barcelone
Le papier utilisé pour la réalisation de ce livre provient de forêts gérées de manière durable.

Dépôt légal : septembre 2013
ISBN : 978-2-7234-9607-0

# › Introduction

Pour égayer vos apéritifs et dîners, découvrez 70 recettes salées et sucrées présentées dans des cuillères et verrines. Délicieuses et raffinées, ces petites portions aux associations originales de saveurs et de couleurs combleront tous vos convives.

De l'apéritif au dessert, retrouvez une multitude de recettes originales : tartare de mangue et gambas grillées, crèmes brûlées au saumon, carpaccio de magret de canard fumé, mousse concombre-chèvre, cappuccino de petits pois ainsi qu'un tiramisu aux fraises et des pommes fondantes à la chantilly.... Des conseils pour égayer vos plats et les présenter élégamment ainsi que des variantes accompagnent vos recettes.

*L'éditeur*

# › Sommaire

# ›I VÉGÉTARIENNES

# Cappuccino de petits pois

*Un simple velouté de légumes relevé d'une chantilly salée devient une entrée très originale présentée sous forme de cappuccino. Devenez un grand chef, juste pour un soir !*

## *Ingrédients*

**POUR 4 VERRINES**

- **200 g de petits pois surgelés**
- **2 petites pommes de terre**
- **2 fines tranches de bacon**
- **1 oignon**
- **2 cuil. à soupe de crème fraîche**
- **1 cuil. à soupe d'huile d'olive**
- **4 brins de menthe**
- **1 tablette de bouillon de volaille**
- **20 cl de crème fleurette très froide**
- **sel, poivre**

1

2

3

4

5

6

*1*• Épluchez les pommes de terre et l'oignon. Émincez l'oignon et coupez les pommes de terre en cubes. Faites chauffer l'huile d'olive dans une sauteuse avec les oignons émincés et les pommes de terre.

*2*• Laissez cuire 5 minutes. Faites bouillir 1/4 de litre d'eau, ajoutez le bouillon. Diluez-le en remuant et versez sur le mélange pommes de terre-oignons, laissez cuire encore 5 minutes.

*3*• Ajoutez les petits pois et laissez cuire de nouveau 5 minutes, les petits pois risquent de perdre leur couleur verte. Mixez la soupe rapidement au robot plongeant. Réservez.

*4*• Montez la crème froide en chantilly au batteur avec un peu de sel et de poivre. Réservez. Coupez les tranches de bacon en lamelles et faites-les griller dans une poêle sans ajout de matière grasse. Réservez.

*5*• Lavez et effeuillez la menthe. Avant de servir, ajoutez la crème fraîche et la menthe à la soupe et mixez une dernière fois, rapidement.

*6*• Versez la soupe dans les tasses et déposez dessus une grosse cuillère de chantilly. Parsemez de lamelles de bacon. Servez.

## › J'ACHÈTE

Des petits pois surgelés, parce que c'est plus simple et rapide à cuisiner. En saison, achetez des petits pois frais, de mai à juillet. Choisissez des cosses lisses, vertes et bien brillantes. 500 g de cosses donnent 180 g de petits pois, prévoyez d'en acheter 1,5 kg pour 4 personnes. Conservez-les au maximum 24 heures. Consommez les petits pois après les avoir écossés. Il suffit d'entrouvrir la cosse et de faire glisser les petites graines rondes avec le pouce.

## › JE REMPLACE

Remplacez les petits pois par 500 g de courgettes et préparez un velouté express à la cocotte-minute. Lavez les courgettes, coupez-en les extrémités et détaillez-les en dés sans les éplucher. Épluchez et coupez en dés 1 pomme de terre. Mettez les légumes dans la cocotte-minute, mouillez d'un fond d'eau, ajoutez 1 bouillon cube. Fermez la cocotte et, au sifflement, laissez cuire 5 minutes. Ouvrez la cocotte et mixez-le tout avec 2 portions de Vache qui rit® ou équivalent. Versez le potage dans des verres ou des tasses en verre.

# Champignons sautés au miel et pignons

*En entrée, ou pour accompagner un foie gras ou un magret de canard grillé, ces cuillères de champignons aux parfums sucrés-salés seront très appréciées.*

## *Ingrédients*

POUR 12 CUILLÈRES

- 500 g de champignons des bois mélangés
- 20 g de beurre
- 1 cuil. à soupe d'huile d'olive
- 2 cuil. à soupe de miel liquide
- 1 cuil. à soupe de vinaigre de cidre
- 1 cuil. à soupe de pignons de pin
- sel, poivre

1

2

3

4

5

6

*1•* Si les champignons sont surgelés, faites-les décongeler et égouttez-les bien. S'ils sont frais, nettoyez-les et épongez-les dans un torchon propre. Coupez les champignons en lamelles.

*2•* Faites fondre le beurre avec l'huile dans une sauteuse et faites revenir les champignons en remuant avec une cuillère en bois jusqu'à ce que leur eau s'évapore.

*3•* Versez le miel et le vinaigre dans la sauteuse, salez, poivrez et laissez cuire à feu doux pendant 10 minutes.

*4•* Faites griller les pignons de pin à sec dans une poêle antiadhésive en secouant la poêle pendant 1 minute.

*5•* Dressez les cuillères de présentation sur un plateau. Au moment de servir, remplissez-les de champignons.

*6•* Parsemez quelques pignons sur les cuillères. Donnez un tour de moulin à poivre. Servez tiède ou chaud.

*Préparation : 10 minutes* | *Cuisson : 15 minutes* | *Réalisation : facile* | *Coût : raisonnable*

## › J'ACHÈTE

Achetez un mélange de champignons des bois surgelés. Si vous utilisez des champignons frais, choisissez des chanterelles et des trompettes-de-la-mort, ajoutez quelques morilles ou des cèpes, ou prenez des shitakés, des champignons asiatiques assez parfumés.

## › MA VARIANTE

**CROUSTILLANTS DE CHAMPIGNONS EN BRICK**

Ingrédients : 4 feuilles de brick, 250 g de champignons mélangés, 1 cuil. à soupe de miel, sel, poivre, 1 cuil. à soupe d'huile, 25 g de beurre, 75 g de chèvre frais (facultatif). Coupez les feuilles de brick en quatre. Faites cuire les champignons avec le miel comme indiqué dans la recette. Coupez le chèvre en petits dés. Faites fondre le beurre et badigeonnez-en les feuilles de brick au pinceau. Lorsque les champignons sont cuits et que l'eau est évaporée, déposez-en une petite cuillerée sur les feuilles de brick. Ajoutez quelques morceaux de fromage. Pliez les bricks en triangles, posez-les sur la plaque du four et faites-les cuire 2 minutes sous le gril. Servez chaud.

# Chutney de figues et feuilletés

*Des cuillères qui allient sucré-salé, une entrée apéritive originale et gourmande à la fois.*

## *Ingrédients*

POUR 12 CUILLÈRES

**Pour le chutney**

- 300 g de figues sèches
- 2 oignons
- 80 g de sucre
- 2 cuil. à soupe d'huile
- 15 cl de vinaigre de cidre
- 1/2 cuil. à café de gingembre en poudre
- 3 clous de girofle
- 1/2 cuil. à café de cannelle en poudre
- 1/2 cuil. à café de noix de muscade râpée
- 1 sachet de thé

**Pour les feuilletés**

- 1 rouleau de pâte feuilletée
- 1 œuf
- 2 cuil. à soupe de graines de sésame

1

2

3

1• Portez 30 cl d'eau à ébullition et faites-y infuser le sachet de thé quelques minutes. Retirez le sachet et faites gonfler les figues 20 minutes.

2• Égouttez-les et, sur le plan de travail, coupez-les en morceaux. Épluchez et hachez les oignons. Faites chauffer l'huile dans une sauteuse.

3• Faites suer les oignons, ajoutez 3 cuillerées à soupe de thé et le sucre, laissez mijoter 10 minutes.

4

5

6

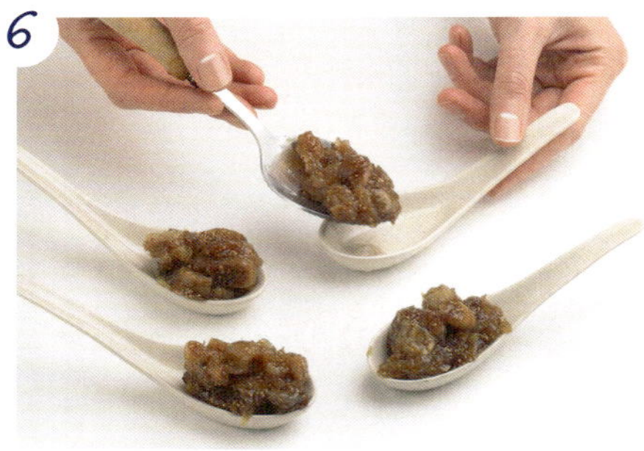

4• Ajoutez les figues, le vinaigre, les épices et les clous de girofle, ajoutez de nouveau un peu de thé, salez et laissez mijoter à couvert 50 minutes.

5• Préchauffez le four à 210 °C (th. 7). Déroulez la pâte en la laissant sur son papier, et découpez-y des bandelettes de 1 x 10 cm. Badigeonnez-les avec l'œuf.

6• Parsemez de graines de sésame et enfournez 10 minutes. Répartissez le chutney refroidi dans les cuillères et servez avec les feuilletés.

*Préparation : 30 minutes* | *Cuisson : 1 heure* | *Réalisation : facile* | *Coût : raisonnable*

## › MA VARIANTE

**CHUTNEY AUX POMMES**
Ingrédients : 600 g de pommes, 1 cuil. à café de cinq-épices, 1 cuil. à café de cumin moulu, 2 cuil. à soupe de cassonade, le jus de 1/2 citron, 2 cuil. à soupe d'huile d'arachide. Épluchez les pommes et coupez-les en quartiers. Épépinez-les. Coupez-les en cubes. Faites chauffer l'huile dans une sauteuse, faites revenir les pommes, ajoutez toutes les épices, remuez avec une cuillère en bois. Versez 15 cl d'eau, couvrez et laissez mijoter 20 minutes. Ajoutez le sucre et le jus de citron. Remuez régulièrement et laissez cuire encore 20 minutes. Laissez refroidir.

## › MON TRUC DE CUISINIER

Conservez le chutney plusieurs semaines au réfrigérateur dans un pot en verre bien fermé. Vous pouvez servir le chutney avec une viande blanche froide, comme un rôti de porc ou de veau, l'accord est parfait !

## › JE SERS AUTREMENT

Servez le chutney dans des petits verres et plantez les feuilletés dedans.

# Concombre, feta, poire et pignons

*Une entrée parfaite lors d'un buffet estival,
pour un déjeuner léger ou une mise en bouche lors d'un dîner.*

## *Ingrédients*

POUR 4 VERRINES

- 1 concombre
- 1 poire
- 100 g de feta
- 1/2 citron jaune
- 3 cuil. à soupe d'huile d'olive
- 1 cuil. à soupe de vinaigre de vin
- 1/2 botte de menthe
- 50 g de pignons de pin
- 20 cl de crème fleurette
- sel, poivre

1• Lavez et coupez le concombre en petits cubes sans le peler. Coupez la feta en petits dés.

2• Épluchez, épépinez et coupez la poire en cubes. Mettez les trois ingrédients dans un saladier et arrosez de jus de citron.

3• Lavez, essorez et ciselez la menthe, réservez-en un peu pour la décoration avant de l'ajouter. Versez l'huile d'olive et le vinaigre. Salez et poivrez. Mélangez.

4• Au batteur électrique, montez la crème fleurette bien froide en chantilly. Salez et poivrez.

5• Faites griller les pignons de pin quelques instants dans une poêle antiadhésive. Ajoutez-les aux légumes et mélangez.

6• Répartissez la préparation dans les verres, recouvrez d'une quenelle de chantilly et décorez avec les feuilles de menthe ciselées restantes.

*Préparation : 20 minutes* | *Pas de cuisson* | *Réalisation : facile* | *Coût : bon marché*

## › MA VARIANTE

Selon vos envies et vos réserves, remplacez la chantilly par une crème fraîche citronnée ou par un fromage frais persillé et aillé. Remplacez la feta par des dés de roquefort, des cerneaux de noix concassés. Pour mettre un peu de couleur, ajoutez des tomates-cerises coupées en deux.

## › JE SERS AUTREMENT

Servez dans des cuillères de présentation et recouvrez d'un nuage de chantilly. Dans ce cas, divisez les quantités par deux.

## › MON TRUC DE CUISINIER

Ne pelez pas le concombre. Sa peau contient de nombreuses vitamines, des fibres et une substance appelée « pepsine » qui facilite la digestion. De plus, le vert de la peau du concombre ressort très bien, donc inutile de s'en priver !

# Courgettes, tomates et fromage blanc

*Une entrée légère, digeste, rafraîchissante et très colorée. Ces verrines auront une place de choix sur la table d'un buffet d'été ou lors d'un dîner printanier.*

## *Ingrédients*

**POUR 4 VERRINES**

- **1 courgette**
- **2 tomates**
- **8 cuil. à soupe de fromage blanc**
- **2 tranches de jambon de pays**
- **sel, poivre**
- **2 cuil. à soupe d'huile d'olive**
- **1 cuil. à soupe de vinaigre balsamique**
- **1 cuil. à soupe de ciboulette surgelée**

1

2

3

4

5

6

1• Portez une casserole d'eau à ébullition et plongez-y les tomates moins de 1 minute. Pelez-les et coupez-les en dés. Mettez-les dans une passoire, pour les laisser égoutter.

2• Mettez-les dans un bol. Salez et poivrez. Versez 1 cuillerée d'huile d'olive. Mélangez. Lavez la courgette, ne l'épluchez pas. Coupez-la dans la longueur avec un couteau économe en tranches le plus fines possibles.

3• Mettez les lamelles de courgette sur la plaque du four recouverte de papier sulfurisé. Faites-les griller quelques instants des deux côtés. Coupez les tranches de jambon de pays en petits dés.

4• Dans un bol, mélangez le fromage blanc avec la cuillère de ciboulette surgelée. Salez et poivrez. Montez vos verrines : remplissez-les de fromage blanc à la ciboulette.

5• Répartissez dessus les dés de jambon de pays. Ajoutez les dés de tomate égouttés. Décorez de lamelles de courgette disposées en chiffonnade.

6• Salez, poivrez et versez un filet d'huile d'olive et de vinaigre balsamique.

## › JE REMPLACE

Le jambon de pays par du jambon blanc, de la viande des Grisons. Pour une verrine océane, ajoutez au fromage blanc 1 tranche de saumon fumé coupée en petits dés, du surimi râpé ou encore des miettes de poisson blanc ou des miettes de saumon. Remplacez le fromage blanc par des carrés frais, de la Vache qui rit®, de la ricotta ou du mascarpone en pot (fromage bleu italien très crémeux).
Les tomates fraîches par des tomates séchées. Les courgettes grillées par des courgettes crues coupées en dés.

## › J'UTILISE AUTREMENT

Si vous voulez que le fromage blanc ait une consistance plus compacte, ajoutez-lui une feuille de gélatine, préalablement trempée dans un bol d'eau chaude pendant 10 minutes puis égouttée. Mélangez.

# Gaspacho et guacamole

*Une petite entrée en verrines des plus rafraîchissantes. Une soupe de tomates pimentée venue directement du sud de l'Espagne et une purée d'avocat... de quoi ravir papilles et pupilles.*

*Ingrédients*

POUR 4 VERRINES

**Pour le gaspacho**

- **500 g de tomates**
- **1 tranche de pain de mie**
- **1/2 concombre**
- **1 poivron rouge**
- **1 citron**
- **2 cuil. à soupe d'huile d'olive**
- **4 gouttes de Tabasco**
- **sel, poivre**

**Pour le guacamole**

- **2 avocats**
- **1 citron**
- **1 oignon**
- **4 gouttes de Tabasco**

1

2

3

4

5

6

*1•* Portez une casserole d'eau à ébullition. Retirez les pédoncules des tomates, plongez-les 30 secondes dans l'eau bouillante, égouttez-les et retirez leur peau.

*2•* Éliminez la croûte du pain de mie et émiettez le pain. Épluchez le concombre, épépinez-le et coupez-le en dés. Lavez le poivron, épépinez-le et coupez-le également en dés.

*3•* Mettez le concombre, les tomates, le poivron, le pain de mie, l'huile, le Tabasco et le jus de citron dans le bol d'un robot. Salez et poivrez. Mixez jusqu'à obtention d'une soupe épaisse.

*4•* Rectifiez l'assaisonnement et réservez au frais. Préparez le guacamole : épluchez l'oignon et hachez-le. Retirez la peau des avocats.

*5•* Retirez les noyaux des avocats et écrasez la chair à la fourchette avec l'oignon haché, le jus de citron et le Tabasco. Mixez au robot si l'ensemble n'est pas assez homogène.

*6•* Répartissez le guacamole dans des verres. Versez le gaspacho par-dessus.

## › JE SERS AVEC

**SABLÉS AU PARMESAN**

Ingrédients : 200 g de farine, 200 g de parmesan, 200 g de beurre, 1 œuf. Préchauffez le four à 180 °C (th. 6). Coupez le beurre en petits dés et mettez-le dans une jatte. Ajoutez la farine et le parmesan. Travaillez la pâte du bout des doigts. Ajoutez l'œuf et mélangez. Laissez reposer 1 heure. Étalez la pâte sur un plan de travail fariné. Découpez des cercles de pâte de 5 à 6 cm de diamètre à l'aide d'une tasse ou d'un cercle de pâtisserie, mettez-les sur une plaque couverte de papier sulfurisé et enfournez-les 15 minutes jusqu'à ce qu'ils soient bien dorés. Laissez-les refroidir avant de servir.

## › JE SERS AVEC

**FEUILLETÉS AU CHORIZO**

Ingrédients : 1 pâte brisée, 1 petite boîte de coulis de tomates, 1/2 chorizo. Préchauffez le four à 210 °C (th. 7). Couvrez la plaque de cuisson de papier sulfurisé, mettez la pâte sur la plaque et couvrez-la de coulis de tomates. Découpez des carrés de pâte (3 cm x 3 cm). Retirez la peau du chorizo, coupez-le en rondelles et mettez les rondelles sur la pâte. Enfournez 15 minutes.

# Guacamole d'artichaut

*Vous connaissez le guacamole à la purée d'avocat ? En voici un bien plus étonnant réalisé avec des fonds d'artichaut surgelés. Pour un apéritif placé sous le signe de l'originalité.*

## *Ingrédients*

**POUR 4 VERRINES**

- 16 fonds d'artichaut
- 3 petits oignons blancs
- 1/2 botte de coriandre
- 2 citrons verts
- quelques gouttes de Tabasco
- 2 cuil. à soupe d'huile d'olive
- 1 tomate
- sel, poivre

1• Portez une grande casserole d'eau salée à ébullition, plongez-y les fonds d'artichaut encore surgelés et laissez-les cuire 25 minutes.

2• Pendant ce temps, épluchez les oignons et émincez-les très finement. Lavez la coriandre et ciselez-la.

3• Égouttez les fonds d'artichaut et coupez-les en petits dés. Ajoutez les oignons, la coriandre et quelques gouttes de Tabasco.

4• Portez une casserole d'eau à ébullition et plongez-y la tomate 1 minute. Concassez la tomate et ajoutez-la au guacamole.

5• Pressez les citrons verts et versez le jus dans le guacamole. Salez et poivrez. Mélangez bien l'ensemble.

6• Répartissez le guacamole dans des petits verres à vodka et mettez-les au frais jusqu'au moment de servir.

*Préparation : 15 minutes* | *Cuisson : 25 minutes* | *Réalisation : facile* | *Coût : bon marché*

## › JE SERS AVEC

**FAJITAS DE POULET**

Ingrédients : 4 blancs de poulet, 1 poivron rouge, 2 oignons, 2 gousses d'ail, 20 cl de crème fraîche, 8 tortillas, 4 cuil. à soupe d'huile, 1 cuil. à café de cumin, 1 cuil. à café de chili en poudre, 1 citron vert. Préchauffez le four à 210 °C (th. 7). Coupez les blancs de poulet en lamelles. Pressez le citron vert. Pelez et écrasez l'ail. Mettez le poulet dans un plat allant au four, arrosez-le de jus de citron et de 2 cuillerées d'huile, saupoudrez de chili, de cumin, de sel et de poivre. Mélangez, couvrez d'un film alimentaire et réservez au frais. Lavez le poivron et coupez-le en lanières. Épluchez les oignons et émincez-les. Faites revenir les oignons et le poivron dans 2 cuillerées d'huile d'olive. Ajoutez le poulet égoutté et laissez cuire 15 minutes. Faites réchauffer les tortillas dans une feuille d'aluminium. Servez la viande avec les tortillas et la crème fraîche.

## › JE REMPLACE

Les fonds d'artichaut par 4 avocats bien mûrs, de façon à réaliser un vrai guacamole.

# Mousse d'avocat et chips de betterave

*Ces verrines d'avocat montées en mousse avec de la crème et aromatisées au citron et aux herbes fraîches allient raffinement et simplicité. Et que dire des chips de betterave...*

## *Ingrédients*

POUR 4 VERRINES

- 3 gros avocats ou 4 petits
- 2 citrons verts
- 20 cl de crème liquide
- 1 petit bouquet de coriandre fraîche
- 1 échalote
- 1 gousse d'ail
- 1 pincée de cumin
- 5 gouttes de Tabasco
- sel, poivre
- 2 petites betteraves cuites
- huile pour friture

1

2

3

4

5

6

*1*• Épluchez et coupez les betteraves en très fines tranches à l'aide d'une mandoline ou d'un couteau bien aiguisé. Mettez-les dans un saladier.

*2*• Faites chauffer l'huile de friture dans une sauteuse ou une friteuse. Plongez les chips dans l'huile chaude, 2 à 3 minutes. Réservez-les sur du papier absorbant. Salez et réservez.

*3*• Pressez le jus des citrons. Ajoutez dans le bol du mixeur l'avocat, la crème liquide très froide et le jus de citron. Mixez à grande vitesse de manière à réduire les avocats en purée et à faire monter la crème en chantilly.

*4*• Pelez la gousse d'ail et l'échalote. Coupez-les en deux, ôtez le germe de la gousse d'ail. Ouvrez les avocats. Ôtez-en le noyau et épluchez-les.

*5*• Lavez le petit bouquet de coriandre et épongez-le. Réservez quatre feuilles. Hachez finement au mixeur (ou au hachoir à herbes) la coriandre, l'ail, l'échalote.

*6*• Ajoutez quelques gouttes de Tabasco et le cumin, salez et poivrez. Mélangez, puis répartissez cette mousse dans les verrines. Décorez avec une feuille de coriandre. Placez au frais jusqu'au moment de servir avec les chips.

## › JE M'ORGANISE

Vous pouvez préparer cette entrée la veille. Pour la mousse : placez la crème liquide entière dans le réservoir à glaçons du réfrigérateur ou 5 minutes dans le congélateur afin qu'elle monte facilement en chantilly et donne une belle mousse. Couvrez les verrines de mousse d'avocat d'un film avant de les mettre au réfrigérateur. Si vous n'avez pas le temps de faire des chips, servez ces verrines avec des tortillas nature ou des gressins au sésame ou aux olives.

## › JE SERS AVEC

Plus rapide (10 minutes) et délicieux, confectionnez des chips de parmesan avec 80 g de parmesan râpé et 1 cuillerée à café de farine. Mélangez bien ces deux ingrédients dans un bol. Nappez la plaque du four de papier sulfurisé. Avec une cuillère à café, étalez des petits ronds de cette pâte. Faites cuire 3 minutes dans le four chauffé à 230 °C (th. 8), puis retournez les tuiles avec une spatule, laissez cuire encore 1 à 2 minutes pour les faire dorer. Déposez ces crêpes sur un rouleau à pâtisserie pour leur donner une forme bombée.

# Mousses de concombre et chèvre

*Des petites verrines tout en légèreté. Du concombre, du chèvre et quelques quartiers de tomates séchées pour la couleur !*

## *Ingrédients*

POUR 4 VERRINES

- 1 concombre
- 2 gousses d'ail
- 4 feuilles de gélatine
- 200 g de fromage de chèvre frais
- 1/2 bocal de tomates séchées
- 15 cerneaux de noix
- sel, poivre

*1•* Faites tremper les feuilles de gélatine dans un bol d'eau froide pendant 10 minutes.

*2•* Épluchez le concombre, épépinez-le et détaillez-le en dés. Épluchez l'ail. Mixez les dés de concombre et l'ail au robot.

*3•* Ajoutez le fromage frais et la moitié des cerneaux de noix. Salez et poivrez. Mixez et réservez. Coupez les quartiers de tomates en petits cubes.

*4•* Concassez grossièrement le reste des cerneaux de noix. Égouttez les feuilles de gélatine avec les doigts. Faites chauffer 4 cuillerées à soupe de mousse au concombre et au chèvre dans une casserole.

*5•* Ajoutez les feuilles de gélatine égouttées dans la casserole et remuez jusqu'à ce qu'elles soient fondues. Incorporez-les immédiatement à la mousse de concombre et mélangez. Rectifiez l'assaisonnement.

*6•* Dressez les verrines : remplissez-les à moitié de mousse au concombre, puis de dés de tomates séchées et enfin de mousse de concombre. Arrosez d'un filet d'huile d'olive. Parsemez de cerneaux de noix concassés. Réservez 4 heures au frais.

## › MA VARIANTE

**MOUSSES DE SAUMON ET DÉS DE CONCOMBRE**
200 g de saumon fumé, 25 cl de crème fraîche épaisse, 1/2 citron, 1 blanc d'œuf, 1 cuil. à café de vinaigre, 1/2 concombre, persil, sel, poivre. Coupez le saumon en dés et mixez-le au robot avec la crème fraîche. Ajoutez le jus de citron et le vinaigre, salez et poivrez. Battez le blanc d'œuf en neige et incorporez-le délicatement. Répartissez la préparation dans des verrines. Épluchez le concombre, coupez-le en dés, répartissez les dés dans les verrines, parsemez de persil et réservez au frais.

## › JE REMPLACE

Les quartiers de tomates séchées par des lamelles de saumon fumé, du surimi, des miettes de thon, des sardines écrasées, des dés de jambon blanc ou du guacamole. Vous pouvez ajouter une touche de couleur avec du coulis de poivron, par exemple. Remplacez les feuilles de gélatine, un gélifiant d'origine animale, par de l'agar-agar, un gélifiant végétal d'origine japonaise, extrait d'algue rouge. L'agar-agar se présente généralement sous forme de poudre (en sachets de 2 g) dans les magasins de produits diététiques ou asiatiques.

# Mousses de courgettes au pesto

*Une recette rapide qui peut se préparer à l'avance et se déguster l'été en entrée ou à l'apéritif. C'est une façon originale d'utiliser les courgettes du jardin en une mousse délicate.*

## *Ingrédients*

POUR 4 VERRINES

- 2 courgettes moyennes
- 2 cuil. à soupe de pesto
- 60 g de parmesan râpé
- 1 cuil. à soupe de fromage blanc
- 20 g de pignons de pin
- 1/2 botte de basilic
- sel, poivre



1

4

2

5

3

6

*1•* Lavez les courgettes, retirez les extrémités et débitez-les en cubes sur une planche à découper.

*2•* Faites-les cuire 5 minutes au cuit-vapeur : elles doivent rester croquantes. Égouttez-les soigneusement et laissez-les tiédir. Lavez le basilic et ciselez-le.

*3•* Mettez les courgettes encore tièdes dans le bol du robot. Incorporez le fromage blanc, le pesto et le parmesan. Mixez grossièrement. Salez et poivrez.

*4•* Versez cette préparation dans un bol, couvrez-la d'un film alimentaire et mettez-la au réfrigérateur.

*5•* Faites griller à sec les pignons de pin dans une poêle à revêtement antiadhésif jusqu'à ce qu'ils soient dorés.

*6•* Dressez la mousse dans des petits bols ou dans des verrines. Parsemez de pignons de pin grillés et de basilic ciselé. Servez très frais.

## › MA VARIANTE

**PESTO MAISON**

Ingrédients : 24 grosses feuilles de basilic, 1 gousse d'ail, 30 g de pignons, 50 g de parmesan râpé, 10 cl d'huile d'olive. Faites dorer les pignons dans une poêle et laissez-les refroidir. Lavez le basilic et épongez-le. Dans le bol du robot, mettez les pignons, l'ail épluché et haché, les feuilles de basilic et l'huile d'olive. Mixez et ajoutez le parmesan. Mixez de nouveau jusqu'à obtention d'une pâte épaisse. Vous pouvez remplacer les pignons par de la poudre de noisettes. Vous pouvez conserver le pesto dans un bocal en verre au réfrigérateur ou le verser dans un bac à glaçons au congélateur.

## › JE REMPLACE

Vous pouvez remplacer le fromage blanc par de la crème fraîche liquide. Au batteur, faites monter la crème fraîche bien froide en chantilly. Salez. Incorporez délicatement les courgettes préalablement mixées, de façon à obtenir une mousse homogène. Servez avec quelques tartines de pain de campagne grillé ou quelques gressins si vous présentez cet amuse-bouche en apéritif.

# Mousses de poivron et ricotta

*En guise de mise en bouche ou en entrée, servez ces cuillères à la mousse de poivron. Cette recette est à la fois légère, savoureuse et peu calorique.*

## *Ingrédients*

POUR 12 CUILLÈRES

- 1 poivron jaune
- 2 tomates
- 1 cuil. à soupe de pignons de pin
- 2 cuil. à soupe d'huile d'olive
- 80 g de ricotta
- 1/2 botte de basilic
- 1 pointe de couteau de piment d'Espelette
- sel

1

2

3

4

5

6

*1•* Lavez les tomates, épluchez-les et épépinez-les. Hachez la chair et mettez-la dans une passoire pour l'égoutter.

*2•* Lavez le poivron, coupez-le en deux, retirez les graines et les membranes, puis détaillez-le en dés.

*3•* Dans une poêle, versez 1 cuillerée à soupe d'huile d'olive et faites revenir les dés de poivron pendant 10 minutes à feu doux. Retirez la poêle du feu et laissez refroidir.

*4•* Dans une autre poêle antiadhésive, faites dorer rapidement les pignons de pin en secouant la poêle. Lavez le basilic, épongez-le et ciselez-le.

*5•* Dans le bol du mixer, versez les tomates, le poivron, la ricotta, le basilic, puis 1 cuillerée d'huile et mixez. Salez et assaisonnez de piment d'Espelette.

*6•* Présentez cette mousse dans des cuillères. Parsemez de pignons de pin.

## › MA VARIANTE

**VERRINES DE POIVRON ET MOUSSE DE CHÈVRE**

1 poivron rouge, 1 poivron vert, 100 g de fromage de chèvre frais, 100 g de crème fraîche, 1 cuil. à café d'ail en poudre, huile d'olive, herbes de Provence, paprika, pluches de cerfeuil, sel, poivre. Enveloppez les poivrons dans du papier d'aluminium et faites-les griller au four à 210 °C (th. 7) pendant 30 minutes. Laissez refroidir, retirez la peau, coupez-les en deux, ôtez les graines et les membranes, détaillez-les en lamelles et mettez-les dans un plat creux. Arrosez-les d'un filet d'huile d'olive et saupoudrez-les d'herbes de Provence et d'ail en poudre. Salez, poivrez et laissez mariner une nuit. Dans un bol, fouettez la crème fraîche bien froide jusqu'à obtention d'une chantilly, incorporez le fromage de chèvre préalablement écrasé à la fourchette. Répartissez dans des verrines une couche de poivrons, puis une couche de mousse de chèvre. Décorez avec une pluche de cerfeuil et une pincée de paprika.

## › J'ACHÈTE

Le poivron est une excellente source de vitamine C. Plus il cuit, plus ses fibres sont digestes. Le poivron vert est plus amer, le jaune est plutôt sucré, le rouge est sucré et légèrement acide.

# Tomates concassées

*Cette simple sauce tomate relevée d'herbes fraîches et d'épices pourra être servie en apéritif ou en entrée.*

## *Ingrédients*

POUR 12 CUILLÈRES

- 1 petite boîte de tomates concassées
- 2 cuil. à soupe de sucre
- 10 g de gingembre
- 1 oignon rouge
- 1 cuil. à soupe d'huile d'olive
- 1 cuil. à café de piment doux
- quelques brins de ciboulette
- sel, poivre

1
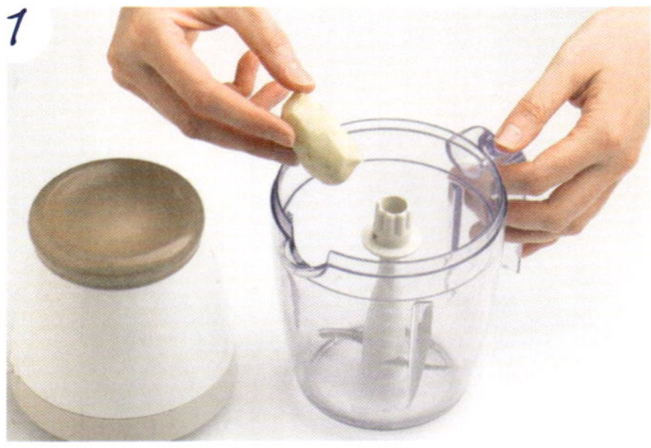

2

3

4

5

6

1• Épluchez et hachez le gingembre dans un petit hachoir électrique pour les herbes.

2• Épluchez et émincez finement l'oignon rouge.

3• Dans une sauteuse, faites chauffer l'huile d'olive. Ajoutez les oignons émincés et les tomates concassées.

4• Ajoutez le sucre, le piment doux et le gingembre, salez et poivrez. Faites cuire une quinzaine de minutes. Remuez régulièrement. Laissez refroidir.

5• Disposez les cuillères devant vous et garnissez-les de tomates concassées.

6• Rincez et essorez la ciboulette. Coupez-la et décorez les cuillères avec. Disposez sur un plateau ou une assiette de présentation avant de les servir.

## › J'ACHÈTE

Le piment doux est le moins fort des piments, il donne une poudre rouge, proche par son goût et sa couleur du paprika. Vous le trouverez avec les épices et poivres en petit bocal de verre. Vous trouverez le gingembre tout au long de l'année au rayon des fruits et légumes exotiques. Choisissez une racine bien ferme, d'une couleur brun clair. Sa chair doit être jaune pâle, juteuse et très odorante.

## › MON TRUC DE CUISINIER

En pleine saison des tomates, de mai à octobre, faites une sauce tomate avec des tomates fraîches. Dans ce cas, n'oubliez pas de les peler. Avec un bon couteau, incisez en croix le sommet de chaque tomate. Portez une casserole d'eau à ébullition et plongez-y les tomates 30 secondes. Trempez-les ensuite quelques secondes dans un saladier d'eau très froide. Retirez la peau avec un petit couteau ou avec vos doigts. Elle se détache alors facilement.

# Tortillas et coulis de poivron rouge

*Des cuillères qui sentent bon le soleil. Cette omelette espagnole au chorizo et au coulis de poivron fera sensation auprès de vos convives.*

## *Ingrédients*

POUR 12 CUILLÈRES

- 8 œufs
- 2 pommes de terre
- 1 oignon
- 100 g de chorizo
- 1 cuil. à soupe d'huile d'olive
- 1/2 bouquet de ciboulette
- 1 pincée de paprika
- sel, poivre

**Pour le coulis de poivron**

- 1 gros poivron rouge
- 2 cuil. à soupe d'huile d'olive

1

2
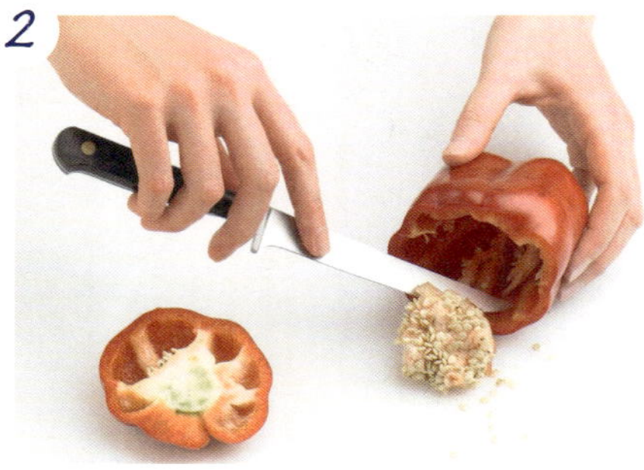

3

4

5

6

*1•* Portez à ébullition une grande casserole d'eau et faites cuire les pommes de terre préalablement épluchées une quinzaine de minutes. Pendant ce temps, retirez la peau du chorizo et coupez-le en rondelles.

*2•* Lavez, essorez et ciselez la ciboulette. Lavez le poivron, ôtez-en le pédoncule épépinez-le et coupez-le en lanières. Faites-les revenir dans une sauteuse avec 1 cuillerée à soupe d'huile d'olive pendant 10 minutes.

*3•* Mixez ensuite le poivron dans un robot avec 1 cuillerée d'huile d'olive et du sel. Au besoin, rajoutez un peu d'eau. Réservez.

*4•* Coupez les pommes de terre juste cuites en petits cubes. Épluchez et émincez l'oignon. Dans un saladier, battez les œufs en omelette avec le paprika, salez et poivrez.

*5•* Dans une cuillerée à soupe d'huile d'olive, faites revenir les oignons, ajoutez le chorizo et les pommes de terre, les œufs battus et la ciboulette. Laissez cuire 3 minutes, retournez l'omelette. Elle doit être bien cuite.

*6•* Coupez 12 carrés de tortillas et répartissez-les dans 12 cuillères. Versez autour le coulis de poivron. Servez tiède ou froid.

## JE SERS AUTREMENT

Présentez en verrine. Dans une sauteuse, faites revenir avec l'huile d'olive, les oignons avec les pommes de terre et les poivrons préalablement coupés en petits dés. Préparez des œufs brouillés et coupez des dés de chorizo. Au moment de monter les verrines, garnissez 1/3 des verrines d'œufs brouillés, puis d'une couche de légumes. Recouvrez de tranches de chorizo et servez.

## MON TRUC DE CUISINIER

Pour retourner une omelette à mi-cuisson, faites-la glisser dans un grand plat, puis posez la poêle dessus, puis retournez en tenant la poêle et le plat.

## JE REMPLACE

Remplacez le coulis de poivron par des lanières de poivrons rouge et vert que vous ajoutez aux dés de pommes de terre et aux oignons. Faites-les alors revenir une dizaine de minutes dans l'huile d'olive avant d'incorporer les œufs battus.

# Trio de légumes à la marocaine

*Cet ensemble de petits verres aux carottes, pommes de terre et courgettes assaisonnées aux épices et à la coriandre sont aussi savoureux que colorés.*

## *Ingrédients*

**POUR 12 PETITS VERRES**

- 3 carottes
- 2 pommes de terre
- 1 courgette
- 1 gousse d'ail
- 1 petit oignon nouveau
- 1/2 citron
- 1 cuil. à café de miel
- 1 cuil. à café de paprika
- 1 cuil. à café de cumin en poudre
- 1 cuil. à café de coriandre en poudre
- 1 petit bouquet de coriandre fraîche
- 3 cuil. à soupe d'huile d'olive
- sel, poivre

*1•* Pelez les carottes et coupez-les en très fines rondelles. Pelez les pommes de terre et coupez-les en cubes. Lavez la courgette et coupez-la en petits dés. Lavez la coriandre, essorez-la dans du papier absorbant et effeuillez-la.

*2•* Faites cuire les pommes de terre, égouttez-les et mettez-les dans un saladier. Émincez l'oignon et mettez-le dans le saladier avec 1 cuillerée d'huile, des feuilles de coriandre, 1 pincée de cumin, de paprika, de coriandre, de sel et de poivre.

*3•* Mettez les carottes dans une casserole, couvrez-les d'eau et d'une pincée de cumin et faites-les cuire 15 minutes. Égouttez-les et laissez-les refroidir dans un saladier avec 1 pincée de cannelle, de cumin et 1 cuillerée à café de miel. Pressez le citron.

*4•* Pelez la gousse d'ail, dégermez-la et écrasez-la au presse-ail. Dans une poêle, faites chauffer 1 cuillerée d'huile et faites revenir la courgette avec l'ail et un peu de cumin. Mouillez d'un demi-verre d'eau, couvrez et laissez cuire 15 minutes.

*5•* Assaisonnez séparément les carottes et les courgettes avec des feuilles de coriandre, 1 cuillerée d'huile d'olive, 1 cuillerée à soupe de citron, 1 pincée de cumin et de coriandre, du sel et du poivre.

*6•* Mélangez chacune des préparations séparément. Répartissez chacune des salades dans quatre petits verres, soit douze verres au total. Servez à température ambiante.

## › MA VARIANTE

Vous pouvez compléter la salade de carottes, naturellement sucrée, avec 1 cuillerée rase de raisins secs que vous aurez fait gonfler dans l'eau tiède et 2 cuillerées à soupe de pois chiches en boîte. Vous pouvez ajouter aux pommes de terre un petit poivron vert ou rouge : faites-le cuire à l'eau, coupé en quartiers, puis retirez la peau et détaillez-le en fines lamelles. Vous pouvez enrichir la salade de courgettes d'une petite tomate, pelée et coupée en dés et d'un demi-fenouil émincé. Faites cuire la tomate et le fenouil en même temps que la courgette. Vous pouvez relever les saveurs des courgettes et des pommes de terre avec une pointe de couteau de harissa.

## › J'ACHÈTE

Vous pouvez vous procurer de la coriandre et du cumin en graines. Faites-les griller à sec dans une poêle pendant 1 minute, puis écrasez-les dans un mortier ou au rouleau à pâtisserie. Choisissez de préférence des petits légumes.

# Variétés de légumes au fromage frais

*Voici un assortiment de verrines aux couleurs vives et printanières.*

## *Ingrédients*

POUR 8 VERRINES

- 150 g de fromage frais en faisselle
- 1 yaourt au lait de brebis
- 2 cuil. à soupe de ciboulette ciselée
- 1/2 poivron rouge
- 1/2 poivron jaune
- 1 tomate
- 2 petits oignons nouveaux
- huile d'olive
- vinaigre balsamique
- 100 g de fèves fraîches
- 6 radis
- 1 branche de menthe
- sel, poivre

1

2

3

4

5

6

*1•* Faites bouillir de l'eau dans une casserole et plongez-y la tomate 30 secondes pour faire éclater la peau. Pelez-la, épépinez-la et coupez la pulpe en dés.

*2•* Pelez les poivrons, épépinez-les et coupez-les en fines lanières. Pelez les oignons si nécessaire et émincez-les ainsi qu'une partie des tiges.

*3•* Faites chauffer 2 cuillerées à soupe d'huile dans une sauteuse et faites revenir les oignons, la tomate et les poivrons. Salez, poivrez, couvrez et laissez cuire 20 minutes à feu doux en remuant de temps en temps.

*4•* Écossez les fèves, dérobez-les, faites-les cuire 5 minutes à l'eau bouillante, puis rafraîchissez-les sous l'eau froide. Dans un bol, mélangez le fromage blanc et le yaourt avec 1 cuillerée de ciboulette, du sel et du poivre.

*5•* Répartissez le fromage dans des verrines. Versez la compotée refroidie de tomate et de poivrons par-dessus et réservez au frais.

*6•* Lavez les radis et coupez-les en rondelles. Mettez quelques fèves et des rondelles de radis dans d'autres verrines. Arrosez-les de vinaigrette : ciboulette, menthe ciselée, 2 cuil. à soupe d'huile et 1 cuil. de vinaigre balsamique, sel et poivre. Servez frais.

## › JE SERS AVEC

**TORSADES FEUILLETÉES**

1 pâte feuilletée (de préférence rectangulaire), 1 œuf, 1 cuil. à soupe de graines de pavot, 1 cuil. à soupe de graines de sésame, fleur de sel, poivre du moulin. Préchauffez le four à 210 °C(th. 7). Étalez la pâte et divisez-la en deux. Dans un bol, battez l'œuf à la fourchette, puis, à l'aide d'un pinceau, badigeonnez d'œuf les deux faces de la pâte. Découpez les deux pâtons en bandes de 2 cm de large. Parsemez la moitié de la pâte sur les deux faces de graines de pavot, et l'autre moitié de graines de sésame. Salez et poivrez. Couvrez la plaque du four de papier sulfurisé. Formez des torsades de pâte et posez-les sur la plaque. Enfournez et faites cuire 10 minutes environ, jusqu'à ce que les torsades soient dorées. Servez-les dressées dans un petit vase ou directement dans des verrines. Conseil : faites-les cuire peu de temps avant de les servir afin qu'elles restent croustillantes.

## › JE REMPLACE

Vous pouvez remplacer les fèves fraîches par des fèves surgelées épluchées ou par des petits pois frais ou surgelés.

# Velouté andalou et billes de chèvre

*Un velouté léger qui donne des envies de soleil ! Relevé de petites billes de chèvre, il est digne des grandes occasions. Une recette qui ne nécessite pas de cuisson.*

### *Ingrédients*

**POUR 4 VERRINES**

- 1 grosse boîte de tomates pelées
- 200 g de chèvre frais
- 1 poivron rouge
- 1 poivron jaune
- 1 piment doux vert
- 1 gousse d'ail
- 2 oignons blancs
- 2 cuil. à soupe de menthe surgelée
- 2 tranches de pain de campagne
- 2 cuil. à soupe de vinaigre
- 4 cuil. à soupe d'huile d'olive
- sel, poivre

*1•* Coupez les poivrons en deux, ôtez le pédoncule et les pépins, retaillez-les en petits dés et réservez-les.

*2•* Épluchez les oignons et l'ail, émincez-les en dés et réservez-les. Versez les tomates avec leur jus, la moitié des poivrons et des oignons dans le bol du mixeur.

*3•* Ajoutez l'ail et le pain préalablement coupé en petits morceaux et mixez. Versez 3 cuillerées d'huile, le vinaigre, le piment émincé, du sel et du poivre dans le mixeur et mixez de nouveau.

*4•* Si la consistance évoque plus une compote qu'un velouté, ajoutez 10 cl d'eau et mixez de nouveau. Rectifiez l'assaisonnement et réservez 2 heures au frais.

*5•* Versez le reste d'huile dans une assiette creuse, ajoutez la menthe et mélangez. Avec les doigts, confectionnez des petites billes de chèvre et roulez-les dans l'huile parfumée à la menthe.

*6•* Versez le velouté dans des verrines, ajoutez les dés de légumes qui restent et les billes de chèvre. Servez.

## › MA VARIANTE

**GASPACHO DE POIREAUX**
4 blancs de poireau, 1 bonne poignée de roquette, 1/2 concombre, 40 cl de bouillon, 20 g de beurre, 2 cuil. à soupe de vin blanc, 2 cuil. à soupe de vinaigre. Nettoyez les poireaux, émincez-les en rondelles, faites-les fondre dans le beurre, ajoutez le bouillon et le vin blanc et laissez-les cuire 5 minutes. Épluchez le concombre et coupez-le en dés. Mixez les poireaux avec la roquette et le vinaigre, du sel et du poivre et mettez-les 2 heures au frais. Servez dans des verrines avec les dés de concombre.

## › JE SERS AVEC

**CHIPS AU PARMESAN**
1 morceau de parmesan, 1 poêle ou 1 crêpière. Confectionnez des copeaux de parmesan au couteau économe, mettez-les dans une poêle à intervalles réguliers et faites-les chauffer (si vous voulez des tuiles plutôt que des chips, disposez 3 copeaux les uns à côté des autres). Dès que le parmesan commence à grésiller et à faire des bulles, retirez les chips avec une spatule et posez-les immédiatement sur un rouleau à pâtisserie. Laissez-les tiédir et servez.

# Velouté froid de betterave au chèvre

*Une soupe de betterave au chèvre, relevée de cumin et présentée en verrines avec une betterave crue râpée en guise de décoration : voilà une entrée peu banale, dont on se souviendra !*

## *Ingrédients*

**POUR 4 VERRINES**

- **1 betterave crue**
- **2 betteraves cuites**
- **100 g de fromage de chèvre frais**
- **10 cl de crème liquide**
- **1 cuil. à café de cumin en poudre**
- **150 g de fromage blanc**
- **2 cuil. à soupe de crème fraîche épaisse**
- **1 cuil. à soupe de persil surgelé**
- **1 cuil. à soupe de ciboulette surgelée**
- **1 gousse d'ail sel, poivre**

1

2

3

4

5

6

*1•* Épluchez les betteraves cuites. Coupez-les en petits dés. Répartissez-en la moitié dans les verrines.

*2•* Mettez les autres dés de betterave dans le bol d'un robot mixeur. Ajoutez le fromage de chèvre préalablement coupé en morceaux. Émulsionnez le tout avec la crème liquide. Utilisez un mixeur plongeant.

*3•* Salez et poivrez. Ajoutez le cumin en poudre. Émulsionnez de nouveau et versez ce velouté mousseux dans les verrines. Les verrines doivent être remplies aux 3/4.

*4•* Mettez les verrines au frais 1 heure. Pelez et hachez l'ail. Mélangez dans un grand bol le fromage blanc, l'ail avec la crème fraîche épaisse et les herbes surgelées. Salez et poivrez. Remuez.

*5•* Versez cette crème de fromage blanc aux herbes sur les verrines et remettez au frais. Épluchez la betterave crue et râpez-la dans votre robot.

*6•* Au moment de servir, décorez les verrines de filaments de betterave râpée.

*Préparation : 20 minutes* | *Réfrigération : 1 heures* | *Réalisation : très facile* | *Coût : bon marché*

## › MA VARIANTE

**SOUPE DE BETTERAVES AUX TOMATES**
3 betteraves rouges crues, 3 tomates, 1 oignon, 2 bouillons cubes de volaille, le jus d'1/2 citron, 3 cuil. à soupe de crème fraîche, 1 cuil. à soupe d'huile d'olive. Épluchez et émincez l'oignon, faites-le revenir dans l'huile d'olive. Faites bouillir 1 litre d'eau, délayez dedans les bouillons cubes et versez sur l'oignon émincé. Épluchez et coupez les betteraves en cubes. Ajoutez-les aux oignons. Plongez les tomates 30 secondes dans une casserole d'eau bouillante et pelez-les. Concassez-les grossièrement et ajoutez-les à la soupe. Couvrez et faites cuire 25 minutes à feu doux. Mixez la soupe au robot plongeant, ajoutez la crème fraîche et le jus de citron. Émulsionnez de nouveau. Versez dans des petits verres fantaisie. Cette soupe peut être servie chaude ou froide.

## › JE REMPLACE

Le fromage de chèvre par 3 carrés de fromage frais, 3 portions de Kiri® ou de Vache qui rit®. La gousse d'ail par 2 échalotes.

# Velouté froid de carottes au cumin

*Servez ce velouté glacé surmonté d'un nuage de crème fouettée au cumin à la manière d'un cappuccino dans des tasses à café en verre.*

## *Ingrédients*

**POUR 4 VERRINES**

- **250 g de carottes**
- **1 cube de bouillon de légumes aux herbes et à l'huile d'olive**
- **15 cl de crème liquide**
- **1/2 orange**
- **1/2 cuil. à café de cumin**
- **1/2 cuil. à café de coriandre en poudre**
- **paprika**
- **sel, poivre**

1

2

3

4

5

6

*1*• Pelez les carottes, coupez-les en rondelles et faites-les cuire dans 30 cl d'eau avec le cube de bouillon pendant 20 minutes.

*2*• Lorsqu'elles sont tendres, mixez-les finement au blender en versant le bouillon petit à petit, de manière à obtenir un velouté assez consistant.

*3*• Pressez le jus de 1/2 orange et filtrez-le. Versez le jus d'orange, le cumin, la coriandre en poudre et 5 cl de crème liquide dans le velouté. Mixez à nouveau.

*4*• Versez cette préparation dans des verrines ou dans des tasses à café en verre transparent. Laissez refroidir et mettez au réfrigérateur pendant 2 heures.

*5*• Dans un récipient très froid, montez le reste de crème liquide en chantilly au batteur électrique. Ajoutez 2 pincées de cumin, du sel et du poivre. Fouettez à nouveau.

*6*• Mettez la crème fouettée au cumin dans une poche à douille et versez un nuage de crème sur le velouté. Saupoudrez d'un soupçon de paprika. Servez bien frais. Dégustez avec une petite cuillère.

## › JE M'ORGANISE

Vous pouvez préparer le velouté la veille, ou même plus tôt, et le congeler. Le jour où vous décidez de le servir, faites-le décongeler, présentez-le dans les verrines et vous n'aurez plus qu'à monter la chantilly au cumin. Une astuce : improvisez une poche à douille avec un sac de congélation. Mettez la crème dans le sac en pressant bien et percez un coin en découpant un trou d'à peine 1 cm.

## › JE SERS AVEC

**FEUILLETÉS AU CUMIN ET AU SÉSAME**
Étalez une pâte feuilletée prête à l'emploi, coupez-la en deux dans la largeur, puis découpez des bandes de pâte de 2 cm de large. Couvrez la plaque du four d'une feuille de papier sulfurisé ou d'une plaque de silicone. Mettez les bandes de pâte par-dessus en les écartant un peu. Saupoudrez-les d'un voile de cumin et de quelques graines de sésame. Faites cuire les feuilletés dans le four préchauffé à 210 °C (th. 7) pendant 7 à 10 minutes en surveillant la cuisson : il faut qu'ils soient juste dorés. Vous pouvez remplacer l'assaisonnement au cumin et au sésame par du comté râpé.

# AU POISSON

# Crabe, guacamole et pamplemousse

*Une association peu ordinaire qui fera de vos cuillères un moment de félicité pas commun.*

## *Ingrédients*

**POUR 12 CUILLÈRES**

- 2 avocats
- 1/2 citron
- 1 citron vert
- 1 cuil. à soupe de crème fraîche
- 1 boîte de chair de crabe
- 1 pamplemousse rose
- paprika
- Tabasco

1

2

3

4

5

6

1• Égouttez soigneusement les miettes de crabe et réservez-les.

2• Préparez le guacamole : épluchez les avocats, retirez les noyaux, prélevez la chair et mettez-la dans le bol d'un robot mixeur.

3• Arrosez-la du jus des deux citrons. Ajoutez 1 cuillerée à soupe de crème fraîche, le paprika et quelques gouttes de Tabasco. Mixez et réservez au réfrigérateur.

4• Épluchez le pamplemousse, détaillez-le en quartiers, éliminez les filaments blancs, et recoupez les quartiers de façon à obtenir 12 cubes.

5• Répartissez la purée d'avocat dans les cuillères. Couvrez-les de miettes de crabe et saupoudrez-les d'un peu de paprika.

6• Disposez sur chaque cuillère un dé de pamplemousse et servez.

*Préparation : 15 minutes* | *Pas de cuisson* | *Réalisation : facile* | *Coût : raisonnable*

## › MA VARIANTE

**CREVETTES, AVOCATS ET ANANAS**
Ingrédients : 12 crevettes crues décortiquées, 2 avocats, 1/4 d'ananas, 1/2 citron vert, 2 pincées de paprika, 30 g de beurre, sel et poivre.
Épluchez les avocats, retirez les noyaux, écrasez la chair dans un bol, arrosez-la de jus de citron vert et de paprika, salez, poivrez et réservez au frais. Épluchez l'ananas, éliminez le cœur et coupez la chair en cubes. Faites fondre la moitié du beurre dans une poêle et faites cuire l'ananas 3 minutes sans cesser de remuer. Répartissez la purée d'avocat et les dés d'ananas dans les cuillères. Faites sauter les crevettes rapidement dans le reste de beurre et ajoutez-les dans les cuillères. Servez.

## › JE SERS AUTREMENT

Servez dans des verrines, en ajoutant une couche de crevettes roses cuites et décortiquées.

## › MON TRUC DE CUISINIER

Pour gagner du temps, préparez un guacamole instantané : écrasez à la fourchette la chair d'avocat et ajoutez-lui un sachet de mélange pour guacamole tout prêt.

# Crèmes brûlées au saumon

*On a coutume de déguster les crèmes brûlées en dessert. En voici une version salée à servir en cuillère pour le plus grand effet visuel et gustatif !*

## *Ingrédients*

POUR 12 CUILLÈRES

- 25 cl de crème fraîche liquide
- 2 tranches de saumon fumé
- 2 cuil. à soupe de sucre roux
- 2 jaunes d'œufs
- quelques brins d'aneth
- sel, poivre



1

2

3

4

5

6

*1* • Préchauffez le four à 90 °C (th. 3). Coupez 12 lamelles de saumon fumé. Réservez-les pour le décor. Hachez le reste dans un robot mixeur.

*2* • Faites chauffer la crème. Dans une jatte, fouettez les jaunes d'œufs, ajoutez la crème fraîche bouillante puis le saumon fumé haché. Mixez le tout avec un robot plongeant.

*3* • Salez et poivrez. Versez la crème dans des cuillères en porcelaine supportant la chaleur du four.

*4* • Enfournez 25 minutes. Sortez les crèmes encore tremblotantes du four, laissez-les refroidir et mettez au frais 2 heures.

*5* • Saupoudrez les crèmes de sucre roux, caramélisez-les au chalumeau (ou sous le grill du four très chaud à défaut de chalumeau).

*6* • Disposez sur chaque crème une lamelle de saumon, repliez en deux. Décorez de brins d'aneth préalablement lavés.

*Préparation : 20 minutes* | *Cuisson : 25 minutes* | *Repos : 2 heures* | *Réalisation : facile* | *Coût : raisonnable*

## › MA VARIANTE

**CRÈME BRÛLÉE AU BASILIC**

Ingrédients : 2 jaunes d'œufs, 40 cl de crème fraîche liquide, 2 cuil. à soupe de parmesan râpé, 10 feuilles de basilic, sel, poivre. Préchauffez le four à 90 °C (th. 3). Mixez les jaunes d'œufs avec la crème fraîche, les feuilles de basilic et le parmesan. Versez dans 12 cuillères, faites cuire 30 minutes et servez froid, sans saupoudrer de cassonade.

## › JE M'ORGANISE

Préparez les crèmes bien à l'avance, laissez-les reposer au frais et, juste avant de servir, saupoudrez-les de cassonade et faites-les caraméliser.

## › JE SERS AUTREMENT

Servez les crèmes brûlées en verrines. Dans ce cas, doublez les proportions, assurez-vous que les verres utilisés sont suffisamment épais pour supporter la chaleur du four et faites cuire 45 minutes. Vous pouvez utiliser des minicontenants en porcelaine, quelle que soit leur forme.

# Crevettes et pommes en rémoulade

*Vous serez surpris par les saveurs qui se dégagent de cette rémoulade bien fraîche, vitaminée et vite préparée.*

## *Ingrédients*

**POUR 4 VERRINES**

- 3 pommes Granny Smith
- 200 g de crevettes roses fraîches décortiquées
- 4 crevettes roses fraîches non décortiquées
- 1 petit bocal de mayonnaise
- 1 yaourt grec
- 1 citron
- échalote
- 1 cuil. à café de gingembre en poudre
- 8 brins de ciboulette
- sel, poivre

1

4

2

5

3

6

*1•* Coupez les crevettes décortiquées en tronçons. Épluchez l'échalote et émincez-la. Lavez la ciboulette et ciselez-la en en réservant quelques brins entiers.

*2•* Pressez le citron. Épluchez les pommes, évidez-les, coupez-les en petits dés, mettez-les dans un saladier et arrosez-les de jus de citron.

*3•* Dans un bol, mélangez 6 cuillerées à café de mayonnaise et 3 cuillerées à café de yaourt grec. Ajoutez l'échalote et la ciboulette. Salez, poivrez et mélangez.

*4•* Versez la sauce sur les pommes. Saupoudrez de gingembre, mélangez et rectifiez l'assaisonnement si nécessaire.

*5•* Répartissez la préparation dans des verrines. Couvrez les verrines d'un film alimentaire et réservez-les au réfrigérateur jusqu'au moment de servir.

*6•* Décorez les verrines avec une crevette entière et un demi-brin de ciboulette. Servez frais.

## › MA VARIANTE

**RÉMOULADE DE CÉLERI AUX POMMES, NOIX ET RAISINS SECS**
Ingrédients : 1/2 boule de céleri-rave, 2 pommes Granny Smith, 2 citrons, 2 yaourts bulgares nature, 2 cuil. à soupe de moutarde forte, 1 échalote, 1/2 bouquet de ciboulette, 8 cerneaux de noix, 3 cuil. à soupe de raisins secs, 1 pincée de muscade en poudre, sel et poivre. Épluchez l'échalote et émincez-la. Hachez la moitié des noix. Pressez les citrons. Épluchez les pommes, coupez-les en petits dés et arrosez-les de jus de citron. Pelez le céleri, râpez-le finement au robot et arrosez-le de jus de citron. Dans un saladier, mélangez les pommes et le céleri. Dans un bol, fouettez les yaourts, la moutarde et l'échalote. Salez et poivrez. Ajoutez la ciboulette ciselée et la muscade. Versez la sauce sur les pommes, ajoutez les noix hachées et les raisins secs et mélangez. Répartissez la préparation dans des verrines. Présentez avec une noix entière.

## › JE REMPLACE

Vous pouvez remplacer les crevettes par des miettes de crabe en boîte ou du saumon fumé en petits dés. Les pommes par des dés de pommes de terre en robe des champs ou du céleri-rave. Dès que les pommes sont coupées, arrosez-les de jus de citron, afin qu'elles n'aient pas le temps de noircir.

# Crevettes sautées à l'ail

*Une préparation rapide pour ces crevettes à faire juste sauter.*
*Vos invités vont adorer ces petites cuillères...*

## *Ingrédients*

**POUR 12 PETITES CUILLÈRES**

- 150 g de riz
- 12 crevettes roses décortiquées
- 2 gousses d'ail
- 10 brins de persil plat
- huile d'olive
- sel, poivre

1

2

3

4

5

6

1• Portez une casserole d'eau salée à ébullition, faites-y cuire le riz le temps indiqué sur l'emballage.

2• Épluchez les gousses d'ail et écrasez-les au presse-ail. Lavez le persil et ciselez-le. Réservez.

3• Dans une poêle, faites chauffer 3 cuillerées à soupe d'huile d'olive, ajoutez l'ail. Ajoutez les crevettes et le persil. Salez et poivrez.

4• Faites sauter le tout 5 minutes à feu vif sans cesser de remuer.

5• Égouttez le riz, tapissez chaque cuillère de riz égoutté.

6• Disposez une crevette par cuillère et nappez de sauce à l'ail et à l'huile d'olive. Rectifiez l'assaisonnement. Servez aussitôt.

## › MA VARIANTE

**CREVETTES AU GINGEMBRE**

Ingrédients : 12 crevettes crues, 3 oignons nouveaux, 2 cm de racine de gingembre, 1 gousse d'ail, 1 cuil. à soupe de miel, 1 cuil. à soupe de sauce soja, 1 cuil. à soupe d'huile végétale, 150 g de riz. Faites cuire le riz dans une casserole d'eau portée à ébullition. Épluchez et émincez l'ail et les oignons nouveaux. Dans un petit bol, mélangez la sauce soja avec le miel. Pelez et râpez le gingembre. Dans une sauteuse, faites chauffer l'huile. Faites revenir oignons, ail et gingembre, ajoutez les crevettes et faites-les sauter 5 minutes. À mi-cuisson, ajoutez la sauce soja-miel. Égouttez et répartissez le riz comme dans la recette de la fiche, disposez dessus une crevette par cuillère et nappez de sauce.

## › JE M'ORGANISE

Si vous avez le temps, décortiquez les crevettes, rincez-les puis essuyez-les sur du papier absorbant. Si vous n'avez pas le temps, vous pouvez acheter des crevettes surgelées décortiquées.

# Curry de crevettes au lait de coco

*Toute simple à réaliser, avec des ingrédients faciles à trouver, voici une recette épicée qui remportera tous les suffrages. Comment allier simplicité et exotisme...*

## *Ingrédients*

POUR 12 CUILLÈRES

- **250 g de riz basmati**
- **600 g de crevettes cuites surgelées**
- **25 cl de lait de coco**
- **1 citron vert**
- **2 cuil. à soupe de curry en poudre**
- **quelques brins de cerfeuil**

*1*• La veille, mettez les crevettes à décongeler dans le réfrigérateur.

*2*• Portez une grande casserole d'eau à ébullition et faites cuire le riz le temps indiqué sur l'emballage.

*3*• Le jour même, décortiquez les crevettes avec les doigts en retirant la queue, la tête et la carcasse.

*4*• Versez le lait de coco dans un récipient, ajoutez le curry en poudre. Pressez le citron, versez le jus dans le lait de coco, mélangez et versez cette sauce dans une sauteuse.

*5*• Faites chauffer à feu vif. Ajoutez les crevettes décortiquées et laissez-les cuire 6 minutes. Égouttez le riz et mettez-le dans des petits bols.

*6*• Répartissez les crevettes dans des cuillères, couvrez-les de sauce et décorez avec le cerfeuil ciselé.

Préparation : 20 minutes | Cuisson : 20 minutes | Réalisation : facile | Coût : raisonnable

## › MA VARIANTE

**CURRY DE LOTTE**

Ingrédients : 4 tronçons de lotte, 2 cm de gingembre frais, 1 cuil. à soupe de pâte de curry, 30 cl de lait de coco, 10 cl de crème fraîche, 10 cl de vin blanc, 2 citrons verts, 2 gousses d'ail, 1 oignon, 10 brins de coriandre fraîche, 2 cuil. à soupe de coco râpée, huile d'olive. Épluchez l'ail et l'oignon et hachez-les. Lavez la coriandre et ciselez-la. Pelez et hachez le gingembre. Prélevez le zeste des citrons verts avec un couteau économe et hachez-le. Dans une sauteuse, versez un filet d'huile d'olive et faites colorer la lotte à feu vif. Réservez-la. Dans cette même sauteuse, faites suer l'oignon, ajoutez la pâte de curry, l'ail et le gingembre. Déglacez avec le vin blanc. Versez le lait de coco et la crème fraîche et laissez épaissir. Ajoutez la lotte et le zeste de citron. Couvrez et laissez cuire 15 minutes. En fin de cuisson, ajoutez la noix de coco râpée.

## › JE REMPLACE

Le lait de coco par de la crème fraîche liquide à laquelle vous ajoutez 4 cuillerées à café de noix de coco râpée.

# Noix de saint-jacques à la mangue

*Ces cuillères gourmandes constituent une entrée raffinée aux accents exotiques. La saveur délicate des noix de saint-jacques s'accorde bien à la douceur de la mangue, relevée d'une pincée d'épices.*

## *Ingrédients*

**POUR 12 CUILLÈRES**

- **6 noix de saint-jacques**
- **1 mangue mûre**
- **1/2 citron vert**
- **1 cuil. à soupe de farine**
- **beurre**
- **1 cuil. à soupe d'huile d'olive**
- **2 pincées de gingembre en poudre**
- **baies roses et poivre du moulin**
- **fleur de sel**

1

2

3

4

5

6

*1•* Pelez la mangue. Râpez-la au-dessus d'un petit saladier.

*2•* Pressez le 1/2 citron vert. Versez le jus sur la mangue râpée. Ajoutez l'huile, le gingembre. Mélangez bien le tout. Mettez au frais.

*3•* Faites chauffer une noisette de beurre dans une poêle antiadhésive. Rincez les noix de saint-jacques, épongez-les dans du papier absorbant.

*4•* Roulez les noix de saint-jacques dans la farine. Faites-les griller une minute de chaque côté sur feu vif. Puis, sur une planche, coupez-les en deux dans le sens de la hauteur.

*5•* À l'aide d'une cuillère à café, remplissez les cuillères de la salade de mangue.

*6•* Disposez une 1 /2 noix de saint-jacques sur chacune des cuillères, côté bombé dessus. Donnez un tour de moulin à poivre et de baies roses, et saupoudrez légèrement de fleur de sel. Servez rapidement.

*Préparation : 15 minutes* | *Cuisson : 5 minutes* | *Réalisation : très facile* | *Coût : assez cher*

## › MA VARIANTE

Vous pouvez mélanger une demi-mangue et quatre litchis très finement émincés. Remplacez le citron par une cuillerée de sirop de litchi ou d'eau de rose, et l'huile par une cuillerée à soupe de crème fraîche allégée. N'hésitez pas à enrichir ou à simplifier ce type de préparation, tout en respectant les accords de saveur. Ici, les saveurs douces dominent, le gingembre et les baies sont en option.
Vous pouvez les remplacer par une cuillerée à café de noix de coco en poudre.

## › JE PRÉSENTE AUTREMENT

Vous pouvez présenter ce type de préparation dans des miniramequins à déguster avec une petite fourchette à deux piques.

## › J'ACHÈTE

Vous pouvez utiliser des noix de saint-jacques fraîches ou surgelées, sans corail. Si besoin, faites-les décongeler avant utilisation. Achetez-les de préférence de gros calibre, elles sont plus goûteuses. Mais, des petites noix de saint-jacques ou des pétoncles peuvent convenir, elles sont aussi moins chères. Dans ce cas, comptez-en trois par cuillères.

# Noix de saint-jacques, sauce soja et sésame

*Les noix de saint-jacques cuites dans la sauce soja reposent sur un lit de crème d'asperge et sont parsemées de graines de sésame qui fondent sous la langue.*

## *Ingrédients*

**POUR 12 CUILLÈRES**

- **12 noix de saint-jacques**
- **2 cuil. à soupe de sésame**
- **2 cuil. à soupe de sauce soja**
- **1 cuil. à soupe de vinaigre balsamique**
- **1 cuil. à soupe de nuoc-mâm**
- **1 pincée de quatre-épices**
- **1 bocal de têtes d'asperges vertes**
- **2 cuil. à soupe de crème fraîche**

1

2

3

4

5

6

*1*• Égouttez les asperges. Mettez-les dans le bol du mixeur avec la crème fraîche. Salez et poivrez, mixez jusqu'à obtention d'une crème.

*2*• Remplissez les cuillères apéritives d'une cuillère à café de crème d'asperge. Réservez.

*3*• Versez la sauce soja, le vinaigre, le nuoc-mâm et le quatre-épices dans une poêle, et portez à ébullition.

*4*• Épongez les noix de saint-jacques sur un papier absorbant. Faites-les cuire dans la sauce 1 minute 30 à 2 minutes de chaque côté.

*5*• Pendant ce temps, faites griller les graines de sésame à sec dans une poêle à revêtement antiadhésif. Remuez la poêle et couvrez.

*6*• Déposez une noix de saint-jacques sur chacune des cuillères et parsemez d'une pincée de graines de sésame. Servez aussitôt.

*Préparation : 15 minutes* | *Cuisson : 5 minutes* | *Réalisation : facile* | *Coût : assez cher*

## › MA VARIANTE

Vous pouvez proposer les noix de saint-jacques sur un lit de crème de carotte. Pelez et coupez en rondelles 4 carottes. Faites-les cuire 10 minutes. Puis mixez-les avec la crème, du sel et du poivre.

## › JE REMPLACE

En saison, vous pouvez utiliser une botte d'asperges vertes. Pelez-les, coupez-en les têtes à 10 cm, et faites-les cuire à l'eau bouillante pendant 10 minutes. Puis, poursuivez la recette. Vous pouvez aussi laisser les pointes d'asperges entières et en poser une sur chaque noix de saint-jacques, tout simplement !

## › J'ACHÈTE

La saison des saint-jacques va de décembre à avril. Choisissez des noix pas trop grosses. Fraîches, elles sont plus chères que les noix surgelées, que vous pourrez trouver toute l'année. Une astuce : pour que les noix congelées restent aussi moelleuses que les noix fraîches, faites-les dégeler dans du lait. Vous pouvez utiliser des pétoncles ou des petites noix de saint-jacques, beaucoup moins chères. Dans ce cas, comptez-en trois par cuillère.

# Rillettes de cabillaud aux épices

*Des rillettes épicées de poisson frais…*
*un vrai régal qui surprendra et régalera vos invités.*

## Ingrédients

POUR 4 VERRINES

- 400 g de chair de cabillaud (la queue, de préférence)
- 1 carotte
- 2 échalotes
- 4 cuil. à soupe de crème fraîche
- 1 cuil. à soupe de moutarde à l'ancienne
- 1 verre de vin blanc sec
- 4 brins d'estragon
- 1 bâton de cannelle
- 1 étoile de badiane
- 1 clou de girofle
- 1 noix de muscade
- quelques brins de ciboulette
- 1 cuil. à café d'huile
- sel, poivre

1

2

3

**1•** Retirez la peau du cabillaud et taillez-le en cubes de 1 cm de côté, en prenant soin d'éliminer d'éventuelles arêtes. Épluchez la carotte et coupez-la en dés. Épluchez les échalotes et émincez-les.

**2•** Mettez les épices dans une mousseline et ficelez-la. Faites chauffer l'huile dans une casserole et faites suer une des échalotes. Ajoutez les dés de carotte et déglacez avec le vin blanc.

**3•** Remplissez la casserole d'eau froide et plongez-y la mousseline d'épices. Dès que l'ébullition est atteinte, plongez les dés de cabillaud dans la casserole, couvrez, éteignez le feu et laissez pocher le poisson 10 minutes.

4

5

6

**4•** Effeuillez l'estragon et ciselez-le. Égouttez le poisson en conservant l'eau de cuisson, mettez-le dans un saladier et écrasez-le à la fourchette. Ajoutez la crème fraîche, la moutarde, la seconde échalote et l'estragon. Salez et poivrez.

**5•** Mélangez bien la préparation et détendez-la avec un peu de liquide de cuisson pour obtenir la consistance de rillettes. Réservez au réfrigérateur.

**6•** Au moment de servir, répartissez les rillettes dans des verrines individuelles avec de la ciboulette ciselée. Servez avec des tranches de pain grillé et une salade de mesclun.

*Préparation : 20 minutes* | *Cuisson : 15 minutes* | *Réalisation : facile* | *Coût : bon marché*

## › MA VARIANTE

**RILLETTES DE POISSON AU SAUMON ET AUX SARDINES**
Ingrédients : 300 g de saumon frais, 1 boîte de sardines épicées, 2 petits-suisses, 50 cl de crème fraîche épaisse, 1 cuil. à soupe de jus de citron vert, 1 cuil. à café de moutarde à l'ancienne, 1 pointe de paprika, sel et poivre. Faites cuire le saumon 10 minutes à la vapeur. Égouttez les sardines, émiettez le saumon avec les doigts, et mixez l'ensemble grossièrement en incorporant les petits-suisses, la crème fraîche, le jus de citron, la moutarde et le paprika. Salez et poivrez. Dressez dans des terrines individuelles.

## › JE REMPLACE

Vous pouvez utiliser tout autre poisson de votre choix et ajouter d'autres épices en fonction de vos goûts. Cette préparation se conserve 4 jours au frais et se congèle très bien. Il est préférable de la sortir du réfrigérateur 1 heure avant de passer à table.

## › JE GAGNE DU TEMPS

Mettez 3 pincées d'un mélange de 4 épices moulues, en remplacement de la mousseline d'épices entières.

# Rillettes de hareng au fromage frais

*Tout le monde apprécie les rillettes. En voici une variante avec du hareng fumé, du fromage frais et du citron. Le résultat est surprenant et délicieux à la fois.*

## *Ingrédients*

**POUR 12 CUILLÈRES**

- **200 g de filets de hareng fumé doux**
- **150 g de fromage frais nature**
- **1 citron**
- **6 brins de persil plat**
- **sel, poivre**

1

2

3

4

5

6

1• Lavez le persil, épongez-le et effeuillez-le. Réservez-en quelques brins pour la décoration.

2• Tranchez les filets de hareng en menus morceaux.

3• Pressez le citron et réservez le jus.

4• Mettez les morceaux de hareng, le fromage frais, le jus de citron et la moitié du persil dans le bol du mixeur.

5• Mixez jusqu'à obtention d'une mousse homogène. Salez et poivrez. Réservez 1 heure au réfrigérateur avant dégustation.

6• Répartissez dans des cuillères. Décorez avec le persil que vous avez réservé.

## › JE REMPLACE

Vous pouvez remplacer le fromage frais à tartiner par du fromage blanc, des petits-suisses ou de la crème fraîche. Le hareng fumé par des sardines pimentées en boîte ou plus simplement par une boîte de thon.

## › JE PRÉSENTE AUTREMENT

Vous pouvez servir ces rillettes à l'apéritif, tartinées sur des blinis ou sur des rondelles de concombre.

## › JE SERS AVEC

Servez avec des gressins entourés d'une demi-tranche de saumon fumé, des crackers, des tranches de pain de campagne grillées.

# Rillettes de sardines au whisky

*Sortez des sentiers battus avec ces rillettes de sardines aromatisées au whisky. Une façon convaincante de relever une petite boîte de sardines. Présentez cette entrée dans des cuillères.*

## *Ingrédients*

**POUR 12 CUILLÈRES**

- **6 grosses sardines en boîte**
- **100 g de beurre demi-sel**
- **2 cuil. à soupe de whisky**
- **30 g de crème fraîche**
- **1/2 citron**
- **sel, poivre**

1

4

2

5

3

6

*1•* Égouttez les sardines. Retirez les arêtes et la peau.

*2•* Écrasez les sardines à l'aide d'une fourchette, puis mixez-les grossièrement avec le beurre.

*3•* Pressez le jus du demi-citron, incorporez-le à la préparation, puis ajoutez le whisky. Mélangez.

*4•* Battez la crème fraîche au fouet.

*5•* Ajoutez délicatement la crème fouettée au mélange précédent. Salez, poivrez et réservez.

*6•* Répartissez les rillettes dans des cuillères. Accompagnez de quelques tranches de pain grillé.

*Préparation : 10 minutes* | *Repos : 1 heure* | *Réalisation : très facile* | *Coût : bon marché*

## › MA VARIANTE

**RILLETTES DE MAQUEREAU**
2 boîtes de filets de maquereau au vin blanc, 3 carrés frais, 1/2 bouquet de basilic, 2 tranches de pain de seigle, le zeste et le jus de 1/2 citron, 8 olives noires dénoyautées, 1 pot d'œufs de lump rouges, sel et poivre. Égouttez les filets de maquereau, puis écrasez-les à la fourchette avec les carrés frais. Râpez le zeste du citron. Pressez le jus et ajoutez-le aux rillettes. Salez, poivrez et mélangez. Ciselez les feuilles de basilic. Faites griller le pain de seigle et émiettez-le. Hachez finement les olives. Répartissez dans des petits verres les miettes de pain de seigle, la moitié des rillettes, les olives et le basilic. Répartissez les rillettes qui restent. Terminez par des œufs de lump. Parsemez de zeste de citron.

## › JE REMPLACE

Vous pouvez réaliser cette recette avec des sardines fraîches en filets : il suffit de les poêler quelques minutes dans de l'huile d'olive et de poursuivre la recette.

## › JE GAGNE DU TEMPS

Pensez à sortir le beurre du réfrigérateur 1 heure avant de vous mettre en cuisine, afin qu'il ramollisse.

# Saumon, avocat et tomates confites

*Confectionnée sous forme de petites terrines, cette entrée fera grande impression. Préparez-la la veille pour vous dégager du temps le lendemain.*

## *Ingrédients*

**POUR 4 VERRINES**

- **4 feuilles de gélatine**
- **30 cl de crème liquide**
- **1 citron vert**
- **1 citron jaune**
- **1 pincée de cumin**
- **4 jaunes d'œufs**
- **10 quartiers de tomates confites**
- **4 avocats**
- **200 g de saumon fumé**
- **sel, poivre**

1

2

3

4

5

6

*1•* Faites ramollir la gélatine dans un bol d'eau froide. Battez les jaunes d'œufs, salez et poivrez. Faites chauffer la crème dans une casserole.

*2•* Ajoutez les œufs dans la casserole et faites épaissir à feu doux. Essorez les feuilles de gélatine. Retirez la casserole du feu, ajoutez la gélatine et mélangez jusqu'à ce que la préparation soit lisse.

*3•* Coupez les quartiers de tomates en dés. Lavez le citron vert, prélevez le zeste et râpez-le. Pelez les avocats, retirez les noyaux et coupez 1 avocat en lamelles.

*4•* Arrosez-le d'un peu de jus de citron jaune pour lui éviter de noircir. Dans un robot, mixez la chair des avocats qui restent. Ajoutez le reste du jus de citron jaune et le zeste du citron vert.

*5•* Parfumez d'une pointe de cumin, incorporez la crème refroidie, donnez un tour de mixeur et rectifiez l'assaisonnement. Détaillez le saumon en lamelles.

*6•* Dans des bocaux, alternez les lamelles de saumon, les lamelles d'avocat, la mousse et les dés de tomates. Fermez et mettez au frais au moins 3 heures.

## › MA VARIANTE

Selon votre imagination, vos envies ou les réserves de vos placards, remplacez les quartiers de tomates confites par des miettes de thon, des pignons de pin ou de la ricotta assaisonnée de quelques herbes et épices. Remplacez le saumon fumé par de la truite fumée.

## › JE SERS AVEC

Une vinaigrette à base d'huile d'olive et de vinaigre balsamique.

## › JE SERS AUTREMENT

Préparez cette terrine dans de beaux verres plutôt larges comme des verres à whisky. Préparez les mousses dans des ramequins que vous aurez préalablement couverts de film alimentaire. Mettez au frais et démoulez délicatement en retournant les ramequins sur des petites coupelles. Retirez le film et servez.

# Surimi, pommes et mayonnaise

*Très simple et très rapide à préparer, voici une entrée originale où la pomme s'associe au surimi. Un mélange rafraîchissant très agréable en bouche.*

## *Ingrédients*

**POUR 4 VERRINES**

- **4 bâtonnets de surimi**
- **2 tomates**
- **1 pomme reinette**
- **1 citron**
- **1/2 bouquet de ciboulette**
- **1 œuf**
- **2 cuil. à café de moutarde**
- **2 cuil. à café de curry**
- **huile d'arachide**
- **sel, poivre**



1

4
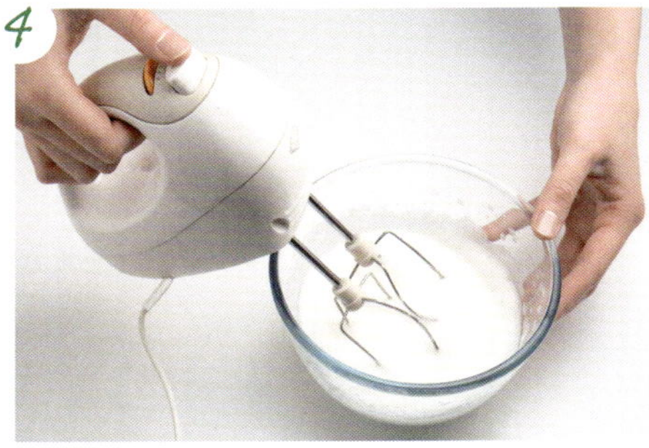

2

5

3

6

*1*• Pressez le citron. Épluchez la pomme et coupez-la en petits morceaux. Mettez les morceaux dans un saladier et arrosez-les de jus de citron.

*2*• Coupez le surimi en très petits morceaux et mettez-les dans le saladier. Évidez la chair des tomates, coupez la peau en petits morceaux et ajoutez le tout dans le saladier.

*3*• Préparez la mayonnaise : battez la moutarde avec le jaune d'œuf, ajoutez l'huile au fur et à mesure, très progressivement. Salez et poivrez. Saupoudrez de curry et mélangez à la préparation.

*4*• Dans un bol, montez le blanc d'œuf en neige au batteur électrique avec une pincée de sel. Ajoutez-le délicatement à la salade.

*5*• Lavez la ciboulette, essorez-la, conservez quelques brins et ciselez le reste, puis ajoutez à la préparation.

*6*• Répartissez dans des verrines et décorez de quelques brins de ciboulette.

Préparation : 15 minutes | Réfrigération : 4 heures | Réalisation : très facile | Coût : bon marché

## › MA VARIANTE

**VERRINES FRAÎCHEUR À L'AVOCAT**

2 avocats bien mûrs, 100 g de miettes de crabe, le jus de 1 citron vert, 1 yaourt grec, 3 cuil. à soupe de crème fraîche, 1 cuil. à café d'aneth, 2 tranches de saumon fumé, sel et poivre. Répartissez les miettes de crabe dans des verrines. Réduisez les avocats en purée, arrosez-les de jus de citron et versez-les sur les miettes de crabe. Battez le yaourt avec l'aneth, la crème fraîche, du sel et du poivre et versez dans les verrines. Découpez des lanières de saumon fumé pour le décor.

## › MON TRUC DE CUISINIER

Le blanc d'œuf en neige est nécessaire pour la légèreté de la recette. Vous pouvez remplacer le surimi par des petites crevettes ou émietter du poisson fumé : truite, haddock ou flétan. Les pommes peuvent être remplacées par de la chair de pamplemousse.

# Tartare au crabe et coco

*Une entrée vitaminée, pleine de couleur. Un mélange rafraîchissant de poisson et de légumes qui sera d'autant plus remarqué qu'il est présenté en cuillère.*

## Ingrédients

**POUR 12 CUILLÈRES**

- **1 boîte de chair de crabe**
- **1/2 ananas**
- **1/2 concombre**
- **1/2 bouquet de coriandre**
- **1/2 bouquet de menthe**
- **pluches d'aneth**
- **sel, poivre**

**Pour la marinade**

- **1 cuil. à café de moutarde forte**
- **1/2 verre de jus d'ananas**
- **le jus de 1/2 citron vert**
- **4 cuil. à café de noix de coco râpée**

1

2

3

4

5

6

1• Préparez la marinade : pressez le citron et versez le jus dans un saladier, avec la moutarde, le jus d'ananas et la noix de coco râpée, émulsionnez. Égouttez la chair du crabe.

2• Ajoutez la chair de crabe dans le saladier, mélangez, couvrez d'un film alimentaire et laissez mariner 1 heure au frais. Épluchez l'ananas, coupez-le en deux et retirez le cœur.

3• Coupez la chair d'une moitié d'ananas en petits dés.

4• Coupez le demi-concombre en dés, mais ne l'épluchez pas. Lavez la coriandre et la menthe et ciselez-les.

5• Mettez tous les légumes dans un saladier. Incorporez la marinade au crabe, salez, poivrez, ajoutez les herbes et mélangez.

6• Répartissez dans des cuillères suffisamment larges. Décorez avec une pluche d'aneth.

Préparation : 20 minutes | Réfrigération : 1 heure | Réalisation : facile | Coût : raisonnable

## › MA VARIANTE

**VERRINES À L'AVOCAT ET AU CRABE**
2 avocats, 1 boîte de miettes de crabe, 3 cuil. à café de mayonnaise, 1 pamplemousse rose, le jus de 1/2 citron vert, 4 tomates cerises.
Coupez les avocats en deux, retirez le noyau, coupez la chair en dés et arrosez-la de jus de citron. Pelez le pamplemousse à vif, prélevez les quartiers en retirant la peau et détaillez-les en cubes. Mélangez les miettes de crabe et la mayonnaise. Répartissez dans des verrines une couche d'avocat, une couche de miettes de crabe et les dés de pamplemousse. Décorez les verrines avec une tomate cerise coupée en deux.

## › JE SERS AUTREMENT

Confectionnez des tartares avec un cercle à pâtisserie ou utilisez la boîte qui contenait le crabe, dont vous aurez ôté le dessus et le dessous. Mettez la boîte sur une petite assiette. Remplissez-la des ingrédients, tassez et retirez délicatement la boîte.

# Tartare de mangue et gambas grillées

*Ces verrines exotiques allient la fraîcheur du tartare de mangue et de tomates aux herbes fraîches et au citron à la saveur suave des gambas grillées.*

## *Ingrédients*

POUR 4 VERRINES

- 8 gambas surgelées
- 1 mangue
- 1 grosse tomate
- 1/2 botte de coriandre fraîche
- 2 brins de menthe
- 1 citron vert
- 2 cuil. à soupe d'huile d'olive
- fleur de sel
- poivre du Sichuan

1

2

3

4

5

6

1• Pelez la tomate avec un éplucheur, coupez-la en petits morceaux et épépinez-la.

2• Pelez la mangue, découpez des tranches le long du noyau, détaillez-les en très petits dés et mettez-les dans un saladier avec la tomate.

3• Effeuillez les fines herbes et ciselez-les. Arrosez la mangue et la tomate de citron vert et d'huile d'olive, d'une pincée de fleur de sel et de poivre du Sichuan. Ajoutez les herbes, mélangez et réservez au frais.

4• Décongelez les gambas, décortiquez-les et retirez le boyau central. Piquez-les sur des mini-brochettes en bambou (par une ou deux selon le nombre de verrines). Assaisonnez-les de sel et de poivre du Sichuan.

5• Faites griller les gambas dans une poêle 1 minute de chaque côté.

6• Répartissez le tartare de mangue et de tomate aux herbes dans des verrines. Posez à cheval sur les verrines 2 mini-brochettes de gambas. Servez aussitôt.

## › JE SERS AVEC

**SABLÉS AU PARMESAN ET AUX TOMATES SÉCHÉES**
80 g de farine, 30 g de parmesan râpé, 30 g de tomates séchées, 1 cuil. à café d'origan séché, 40 g de beurre, 1 œuf, sel. Coupez les tomates séchées en petits dés. Dans un saladier, mélangez la farine, le parmesan, le sel, l'origan et les tomates séchées. Ajoutez le beurre mou coupé en morceaux, puis l'œuf. Mélangez du bout des doigts comme pour un crumble. Formez une boule de pâte et laissez-la reposer 30 minutes au frais. Sur le plan de travail, étalez la pâte au rouleau entre deux feuilles de papier sulfurisé, sur 0,5 cm d'épaisseur. Découpez des sablés avec un emporte-pièce et posez-les sur la plaque du four couverte de papier sulfurisé. Faites-les cuire 10 minutes dans le four préchauffé à 210 °C (th. 7) et laissez-les refroidir sur une grille.

## › J'ACHÈTE

Vous pouvez remplacer les gambas par de grosses crevettes roses.

# Tartare de saumon

*Une entrée devenue un classique très apprécié qui nécessite du saumon très frais. Il est relevé d'une sauce aux câpres et cornichons, comme un tartare de bœuf haché !*

## *Ingrédients*

**POUR 4 VERRINES**

- **300 g de filet de saumon frais**
- **80 g de chèvre**
- **3 citrons**
- **1 jaune d'œuf**
- **2 oignons**
- **2 cuil. à soupe de câpres**
- **2 cornichons**
- **5 brins de persil**
- **5 brins de cerfeuil**
- **1 cuil. à café de moutarde**
- **1 cuil. à soupe de sauce Worcestershire**
- **3 gouttes de Tabasco**
- **huile d'olive**
- **sel, poivre**

*1•* À l'aide d'une pince à épiler, retirez les éventuelles arêtes du saumon. Sur une planche à découper, détaillez le filet en petits cubes avec un bon couteau.

*2•* Épluchez et émincez les oignons en tout petits dés. Pressez le jus de 2 citrons. Mettez le saumon dans un petit saladier, ajoutez les oignons. Arrosez du jus de citron. Mélangez.

*3•* Recouvrez d'un film alimentaire et mettez au frais 1 heure. Préparez une mayonnaise. Pressez le citron restant. Dans un grand bol, fouettez le jaune d'œuf avec la cuillerée de moutarde.

*4•* Versez le jus de citron et continuez à fouetter. Salez et poivrez. Versez peu à peu l'huile d'olive, sans cesser de fouetter jusqu'à obtention d'une mayonnaise. Une fois celle-ci montée, ajoutez le Tabasco et la sauce Worcestershire.

*5•* Lavez et ciselez les herbes. Coupez les cornichons en petits morceaux. Ajoutez les herbes, les cornichons, les câpres et la mayonnaise aux dés de saumon. Mélangez et mettez au frais 1 heure.

*6•* Émiettez le chèvre dans les verres. Recouvrez des dés de saumon. Servez bien frais.

## › MA VARIANTE

Pour une présentation encore plus raffinée, disposez les dés de saumon dans vos verrines, puis recouvrez-les d'une chantilly salée. Pour cela, montez au robot 80 g de crème liquide très froide en chantilly, ajoutez le jus de 1 citron, salez. Recouvrez les verres et décorez d'œufs de lump ou de saumon. À réserver pour un repas d'exception !

## › JE PRÉSENTE AUTREMENT

Toutes sortes de minicontenants peuvent convenir : des cuillères, des petites coupelles, des verres à thé. Si vous manquez de vaisselle lors d'un buffet, pensez à la dînette de vos enfants ou à des supports qui se mangent, comme des feuilles de salade, des grosses pâtes cuites en forme de coquillages, que vous garnirez de tartare de saumon pour n'en faire qu'une bouchée, des toasts de tranches de pain de mie que vous recouperez à l'aide d'emporte-pièces de toutes formes… Qu'importe si la vaisselle est disparate, bien au contraire !

# Tartare de thon et poivrons

*On ne se lasse pas du tartare de thon et c'est si simple à préparer ! Présenté ici entre deux morceaux de poivron dans de jolies cuillères, le voilà paré en habit de fête !*

## *Ingrédients*

POUR 12 CUILLÈRES

- 1 poivron rouge
- 1 poivron vert
- 1 grosse boîte de thon au naturel
- 12 noisettes
- 2 petits oignons nouveaux
- 1 cuil. à soupe de câpres
- 1 cuil. à café de moutarde
- 1 cuil. à soupe de ketchup
- 2 cuil. à soupe d'huile d'olive
- 1 cuil. à soupe de vinaigre balsamique
- 1 cuil. à soupe de ciboulette ciselée
- 2 pincées de piment d'Espelette
- fleur de sel



1

4

2

5

3

6

*1•* Allumez le gril du four. Mettez les poivrons dans un plat allant au four, enfournez-les et faites-les griller de 15 à 20 minutes en les retournant, jusqu'à ce que leur peau noircisse.

*2•* Lorsque les poivrons sont grillés, enfermez-les 5 minutes dans un sac de plastique. Décollez la peau, ouvrez-les, retirez le pédoncule, les graines et les membranes. Coupez-les en quartiers, puis en carrés.

*3•* Égouttez le thon, mettez-le dans un saladier et écrasez-le à la fourchette. Mixez grossièrement les noisettes. Ajoutez-les ainsi que les câpres dans le saladier.

*4•* Pelez les oignons et hachez-les finement. Ajoutez-les dans le saladier avec l'assaisonnement, le piment et la ciboulette. Mélangez bien le tout.

*5•* Dans des cuillères de présentation, posez 1 morceau de poivron rouge. À l'aide d'une cuillère à café, dressez 1 noix de tartare de thon par-dessus. Tassez avec le dos de la cuillère.

*6•* Posez 1 morceau de poivron vert pour terminer. Saupoudrez un peu de piment d'Espelette ou de paprika. Réservez au frais jusqu'au moment de servir.

## J'ACHÈTE

Vous pouvez acheter des poivrons à l'huile pour cette recette : vous gagnerez du temps. Égouttez les poivrons sur une planche et coupez-les en carrés.

## JE SERS AVEC

**BROCHETTES DE CREVETTES AU POIVRON**

12 crevettes roses, 1 poivron vert, 2 cuil. à soupe d'huile d'olive, 1 cuil. à café de piment d'Espelette, sel. Ouvrez le poivron, retirez le pédoncule, les graines et les membranes. Coupez-le en quartiers, puis en lamelles de 1 cm. Sur des mini-brochettes, montez 1 crevette entre 2 lamelles de poivron. Faites chauffer l'huile dans une poêle. Saupoudrez la poêle de piment et de sel et faites griller les brochettes à feu vif 2 minutes de chaque côté. Servez aussitôt.

## JE PRÉSENTE AUTREMENT

Achetez 300 g de picadillos – ce sont de petits poivrons. Fourrez-les délicatement à l'aide d'une petite cuillère en tassant légèrement le tartare de thon. Présentez-les dans des cuillères ou sur des bâtonnets de bois.

# Tzatziki et surimi sur chantilly

*Une verrine tout en fraîcheur et en simplicité. Confectionnez vous-même le tzatziki, servi avec des crudités ou des brochettes de viande du côté d'Athènes.*

## *Ingrédients*

**POUR 4 VERRINES**

- 1 concombre
- 1 gousse d'ail
- 1 cuil. à soupe d'huile d'olive
- 50 cl de yaourt
- 100 g de surimi râpé

**Pour la chantilly**

- 20 cl de crème liquide fleurette
- 5 brins de ciboulette
- 4 crackers
- sel, poivre

1• Mettez le saladier et le batteur au congélateur 30 minutes avant de monter la chantilly. Pelez le concombre et fendez-le en deux.

2• Épépinez-le, râpez-en la moitié et coupez en petits dés la seconde moitié. Parsemez chaque moitié de gros sel et laissez dégorger 15 minutes. Pelez l'ail et hachez-le.

3• Épongez le concombre avec de l'essuie-tout. Dans un saladier, mélangez le concombre râpé avec l'ail, le yaourt et l'huile d'olive, salez, poivrez et réservez au réfrigérateur.

4• Montez la crème bien froide en chantilly au batteur électrique. Salez et poivrez. Ajoutez la ciboulette préalablement ciselée.

5• Montez les verrines : tapissez les verres de dés de concombre, recouvrez-les de chantilly, puis de surimi. Ajoutez le tzatziki.

6• Continuez jusqu'à épuisement des ingrédients. Terminez par des crackers émiettés sur les verrines. Servez bien frais.

## › MA VARIANTE

**SALADE DE SURIMI À L'AVOCAT**
Ingrédients : 1 avocat, 100 g de surimi émietté, 3 cuillerées à soupe d'huile d'arachide, 1 citron vert, sel, poivre. Ouvrez l'avocat, dénoyautez-le et coupez la chair en petits dés. Dans un saladier, mélangez les dés d'avocat, le surimi, l'huile et le jus de citron vert, salez et poivrez. Répartissez dans des verres et servez frais.

## › JE SERS AVEC

Pour un apéritif plus copieux, doublez les proportions de tzatziki et servez-le dans des coupelles accompagné de gressins et d'un panier de légumes crus.

## › JE REMPLACE

En fonction des réserves de votre placard et de votre réfrigérateur, les ingrédients sont interchangeables. Remplacez le surimi râpé par des dés de saumon ou de truite fumés, des rillettes de poisson ou du tarama. Pour une verrine encore plus chic, remplacez les miettes de crackers par des œufs de lump.

# Terrines de colin et saumon

*Une entrée divine qui ne présente pas de difficultés particulières. Très légère et délicieuse, elle impressionnera vos invités.*



## *Ingrédients*

**POUR 4 VERRINES**

- **250 g de filet de colin**
- **150 g de saumon fumé**
- **1 échalote**
- **15 cl de crème fleurette entière**
- **150 g de fromage blanc à 20 %**
- **10 brins d'aneth**
- **6 feuilles de gélatine**
- **1 sachet de court-bouillon**
- **1 cuil. à soupe de fumet de poisson déshydraté**
- **1/2 citron**
- **sel, poivre**

1

2

3

*1•* Faites cuire le colin avec le sachet de court-bouillon dans une grande casserole d'eau pendant 15 minutes. Égouttez-le, émiettez-le et réservez-le.

*2•* Faites ramollir les feuilles de gélatine 5 minutes dans un bol d'eau froide. Pressez le citron. Montez la crème liquide en chantilly au batteur électrique, incorporez le jus de citron et réservez.

*3•* Épluchez l'échalote et émincez-la. Délayez le fumet de poisson dans 10 cl d'eau bouillante. Égouttez les feuilles de gélatine avec les doigts et faites-les fondre dans le fumet bouillant en remuant.

4

5

6

*4•* Mettez le colin, l'échalote, le fumet de poisson, l'aneth ciselé et le fromage blanc dans le bol du mixeur. Salez et poivrez généreusement.

*5•* Mixez rapidement l'ensemble. Incorporez la chantilly et mixez de nouveau. Détaillez le saumon en dés.

*6•* Remplissez les verrines en alternant mousse au colin, dés de saumon et de nouveau mousse de colin. Couvrez d'un film alimentaire et réservez au moins 4 heures au frais.

## JE REMPLACE

Le colin par un autre filet de poisson blanc, flétan ou cabillaud par exemple, ou par un filet de saumon. Vous pouvez ajouter des crevettes, décorez avec des petites asperges vertes et, pour un dîner de fête, avec des œufs de lump et un peu d'aneth.

## JE SERS AVEC

**JUS DE PERSIL**

1 botte de persil, 1 échalote, 10 cl de crème liquide, sel, poivre. Portez une casserole d'eau à ébullition et plongez-y les feuilles de persil 20 secondes. Rafraîchissez-les à l'eau glacée, égouttez-les sur du papier absorbant et mixez-les avec la crème fraîche. Épluchez l'échalote, émincez-la, mettez-la dans le mixeur, salez et poivrez. Mixez de nouveau, puis passez au chinois. Versez la sauce dans un petit bol et répartissez-la sur les verrines au moment de servir.

# À LA VIANDE

# Aiguillettes de canard à l'orange

*Des cuillères d'aiguillettes couvertes de miel et de jus d'orange pour une saveur sucrée-salée à faire découvrir un soir de fête.*



*Ingrédients*

POUR 12 CUILLÈRES

- 3 aiguillettes de canard
- 1 cuil. à soupe d'huile d'olive
- 1 orange
- 10 cl de crème fraîche
- 1 cuil. à soupe de miel liquide
- 1 cuil. à café de Cointreau
- 1 cuil. à café de paprika
- 10 brins de ciboulette
- sel, poivre

1

4

2

5

3

6

*1•* Mettez les aiguillettes dans un plat. Versez le miel par-dessus, saupoudrez-les de paprika et arrosez-les de Cointreau.

*2•* Pressez l'orange et versez le jus sur les aiguillettes. Mélangez, couvrez d'un film alimentaire et réservez 1 heure au frais.

*3•* Lavez la ciboulette et ciselez-la. Fouettez légèrement la crème, salez et poivrez. Ajoutez la ciboulette.

*4•* Égouttez les aiguillettes, réservez la marinade. Faites-les dorer, après les avoir préalablement coupées en 12 morceaux, 5 minutes dans un peu d'huile.

*5•* Dans une casserole, faites chauffer la crème avec la marinade.

*6•* Versez la crème dans les cuillères et disposez sur chacune d'elles un morceau d'aiguillette.

## MA VARIANTE

**AIGUILLETTES AU MIEL ET PAIN D'ÉPICES**

Ingrédients : 3 aiguillettes de canard, 2 oignons, 2 tranches de pain d'épices, 4 cuil. à soupe de vinaigre balsamique, 2 cuil. à soupe de miel liquide, 20 g de beurre, sel, poivre. Pelez les oignons et émincez-les finement. Faites fondre le beurre dans une sauteuse et faites suer les oignons une dizaine de minutes. Coupez les tranches de pain d'épices en dés, mettez-les dans la sauteuse avec le miel et le vinaigre et laissez-les cuire 10 minutes. Mouillez de 10 cl d'eau et laissez épaissir le sirop. Pendant ce temps, faites dorer les aiguillettes de canard dans le beurre. Coupez-les en 12 morceaux. Disposez-les dans des cuillères de présentation et nappez-les de sauce.

## JE SERS AVEC

Servez avec des bols de riz nature.

# Andouillettes purée

*Une bouchée très terroir que les convives vont s'empresser de déguster.*
*Pour un apéritif dînatoire hors norme !*

*Ingrédients*

**POUR 12 CUILLÈRES**

- **2 andouillettes**
- **2 cuil. à soupe de farine**
- **2 cuil. à soupe de moutarde**
- **3 pommes de terre**
- **15 cl de lait**
- **20 g de beurre**
- **sel, poivre**

1

2

3

4

5
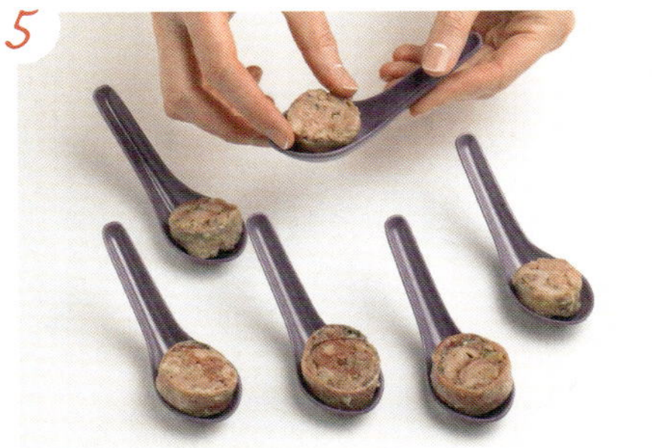

6

1• Épluchez les pommes de terre, coupez-les en quartiers et faites-les cuire dans une casserole d'eau bouillante salée pendant 20 minutes.

2• Pendant ce temps, retirez la peau des andouillettes, tartinez-les de moutarde, farinez-les, coupez-les en tranches de 1 cm environ et réservez-les.

3• Égouttez les pommes de terre, moulinez-les au presse-légumes, ajoutez le lait et la moitié du beurre, salez, poivrez et mélangez.

4• Faites fondre le reste de beurre et faites dorer les rondelles d'andouillette pendant 10 minutes environ. Faites réchauffer la purée.

5• Disposez dans des cuillères une rondelle d'andouillette.

6• Recouvrez d'un petit tas de purée. Saupoudrez d'un peu de noix de muscade en poudre et servez aussitôt.

## › MON MARCHÉ

Vous trouverez dans le commerce des andouillettes de nombreuses appellations, « de Troyes », « de Jargeau »… qui donnent une indication géographique mais non qualitative. S'il n'existe pas d'appellation d'origine contrôlée, le label assurant une vraie qualité est le « 5 AAAAA », décerné par des professionnels de la charcuterie.

## › JE SERS AUTREMENT

En verrine, alternez des couches de purée et des dés d'andouillette.

## › JE REMPLACE

Pour gagner du temps, remplacez la purée maison par une purée surgelée ou un sachet de purée déshydratée. Je remplace les andouillettes par des rondelles de boudin noir. Pour des cuillères réservées aux enfants, disposez un peu de jambon blanc haché ou des rondelles de saucisse de Strasbourg cuites quelques secondes au four à micro-ondes.

# Boudins blancs, pommes et foie gras

*Des bouchées pour un dîner de gala...*
*Servez dans des cuillères plutôt qu'à l'assiette pour encore plus de délicatesse.*

*Ingrédients*

POUR 12 CUILLÈRES

- 3 boudins blancs
- 40 g de beurre
- 3 pommes
- 30 g de foie gras
- 1 cuil. à soupe de moutarde
- 1 cuil. à soupe de calvados
- 15 cl de crème fraîche liquide allégée
- sel, poivre

1• Épluchez les pommes, épépinez-les et coupez-les en cubes.

2• Dans une sauteuse, faites fondre la moitié du beurre, ajoutez les dés de pomme et faites-les dorer une dizaine de minutes.

3• Retirez la peau des boudins et faites-les griller dans le reste de beurre, en les retournant pendant 10 minutes. Coupez le foie gras en 12 lamelles. Dans une casserole, faites chauffer la moutarde avec la crème et le calvados, salez et poivrez.

4• Répartissez la purée de pommes dans les cuillères. Coupez les boudins en 12 lamelles et couvrez chaque cuillère de rondelles de boudin.

5• Disposez sur chaque morceau de boudin une lamelle de foie gras.

6• Nappez de sauce à la crème et servez immédiatement.

## MA VARIANTE

**BOUDINS AU ROQUEFORT**

Ingrédients : 3 boudins blancs, 2 échalotes, 15 cl de vin blanc, 20 g de beurre, 15 cl de crème fraîche allégée, 50 g de roquefort, sel, poivre. Épluchez les échalotes et émincez-les. Faites fondre le beurre dans une sauteuse. Ajoutez les échalotes émincées, déglacez avec le vin blanc et versez la crème. Émiettez le roquefort et ajoutez-le. Retirez la peau des boudins, mettez-les dans la sauteuse et faites-les cuire 10 minutes en les retournant régulièrement. Coupez les boudins en 12 rondelles et répartissez-les dans des cuillères. Nappez-les de sauce et servez aussitôt.

## JE REMPLACE

Le boudin blanc par du boudin noir. Dans ce cas, n'ajoutez pas de foie gras, nappez uniquement de sauce crème-moutarde-calvados.

# Boulettes de dinde

*Les enfants raffolent des boulettes… Accompagnez-les de légumes et de semoule pour un plat complet parfait. Pour lui donner un peu d'originalité, saupoudrez-le de quelques épices.*

## *Ingrédients*

POUR 4 VERRINES

- 4 escalopes de dinde
- 1 bouquet de persil
- 2 oignons
- 2 gousses d'ail
- 2 carottes
- 150 g de semoule
- 1 petite boîte de tomates concassées
- 1 pincée de quatre-épices
- huile d'olive
- sel, poivre



1

2

3

4

5

6

*1•* Débitez les escalopes en morceaux et mixez-les au robot. Épluchez l'ail et les oignons, émincez-les et ajoutez-les dans le robot.

*2•* Lavez le persil, ciselez-le, ajoutez-le dans le robot et mixez. Confectionnez des boulettes à la main. Faites chauffer un peu d'huile dans une sauteuse et faites dorer les boulettes 5 minutes.

*3•* Épluchez les carottes, coupez-les en bâtonnets et plongez-les dans une casserole d'eau bouillante pendant 15 minutes.

*4•* Ajoutez les tomates, les épices et les carottes dans la sauteuse, couvrez et laissez cuire l'ensemble 15 minutes.

*5•* Pendant ce temps, préparez la semoule : versez-la dans un saladier. Faites bouillir 15 cl d'eau, versez-la sur la semoule, couvrez sans mélanger et laissez gonfler 15 minutes.

*6•* Égrenez la semoule, ajoutez une noix de beurre et un filet d'huile et faites-la réchauffer 2 minutes au four à micro-ondes. Répartissez-la dans les verrines, ajoutez les carottes, les tomates et les boulettes. Servez la sauce à part.

*Préparation : 20 minutes* | *Cuisson : 35 minutes* | *Réalisation : facile* | *Coût : bon marché*

## › JE PRÉSENTE AUTREMENT

Servez la semoule à part dans des verrines. Répartissez les boulettes, les carottes et la sauce tomate dans des petites cocottes ou plantez les boulettes sur des brochettes et faites-les tenir dans un verre haut plutôt large. Vous pouvez aussi servir dans des mini-plats à tajine.

## › JE REMPLACE

Les escalopes de dinde par des escalopes de poulet ou par de l'agneau haché, le persil par de la coriandre et la semoule par des petites pommes de terre coupées en cubes et revenues dans la sauce tomate (faites-les cuire au préalable avec les carottes dans une casserole d'eau bouillante pendant 15 minutes). Remplacez le mélange de quatre-épices par du cumin, du paprika ou du curcuma.

# Boulettes de poulet au curry

*Des boulettes de poulet haché, relevées de curry et servies avec du riz basmati et une sauce au lait de coco. Un plat simple et délicieux à présenter différemment !*

## *Ingrédients*

POUR 12 CUILLÈRES

- 4 blancs de poulet
- 200 g de riz basmati
- 2 cuil. à café de curry en poudre
- 1 oignon
- 1 gousse d'ail
- 8 brins de coriandre
- 20 cl de lait de coco
- 1/2 citron
- huile d'olive
- sel, poivre

1

4

2

5

3

6

*1* • Faites cuire le riz dans une grande casserole d'eau le temps indiqué sur l'emballage. Lavez la coriandre et ciselez-la.

*2* • Coupez le poulet en morceaux, hachez-le au robot et réservez-le. Épluchez la gousse d'ail et l'oignon et hachez-les.

*3* • Dans une jatte, mettez le poulet haché, l'oignon, l'ail, la coriandre et 1 cuillerée de curry en poudre. Salez et poivrez.

*4* • Mélangez et confectionnez des boulettes avec les doigts. Dans une sauteuse, faites dorer les boulettes dans un peu d'huile, arrosez-les de lait de coco et saupoudrez-les de 1 cuillerée de curry.

*5* • Couvrez et laissez mijoter 20 minutes. Égouttez le riz.

*6* • Posez les boulettes dans des cuillères de présentation, nappez-les d'un peu de sauce au lait de coco et servez le riz à part dans des verrines.

*Préparation : 20 minutes* | *Cuisson : 30 minutes* | *Réalisation : facile* | *Coût : bon marché*

## › MA VARIANTE

**BOULETTES DE POULET AU MIEL**

4 escalopes de poulet, 2 gousses d'ail, 2 cuil. à soupe d'huile d'olive, 1 cuil. à soupe de miel liquide, poivre. Hachez les escalopes de poulet. Pelez l'ail et hachez-le. Dans un saladier, mélangez le poulet haché, l'ail, le miel et du poivre. Confectionnez des boulettes et faites-les dorer dans l'huile d'olive de 10 à 15 minutes. Servez avec du riz, des pommes de terre à la vapeur ou une poêlée de haricots verts.

## › JE PRÉSENTE AUTREMENT

Présentez dans des verrines assez hautes : répartissez le riz dans les verrines, piquez 3 ou 4 boulettes sur des brochettes et plantez les brochettes à la verticale dans les verrines. Servez dans des petites cocottes : répartissez un fond de riz dans les cocottes, ajoutez les boulettes et nappez de sauce.

# Boulghour à l'agneau et à la menthe

*Une salade servie en plat principal lors d'un déjeuner ensoleillé.*

## *Ingrédients*

**POUR 4 VERRINES**

- **400 g d'agneau**
- **100 g de boulghour**
- **1 oignon rouge**
- **1/2 cuil. à café de cannelle**
- **4 cuil. à soupe d'huile d'olive**
- **1 petit bouquet de menthe**
- **1 citron**
- **sel, poivre**



1

4

2

5

3

6

*1* • Lavez la menthe et ciselez-la. Pressez le citron. Hachez l'agneau dans un robot-hachoir.

*2* • Épluchez et hachez l'oignon. Couvrez le boulghour d'eau bouillante et laissez-le gonfler 15 minutes. Égouttez-le.

*3* • Faites saisir l'agneau dans un peu d'huile à la poêle pendant 10 minutes. Laissez-le refroidir, mettez-le dans un saladier avec le boulghour et mélangez.

*4* • Ajoutez l'oignon, la menthe ciselée, le jus de citron, la cannelle et l'huile d'olive.

*5* • Salez et poivrez. Mélangez délicatement l'ensemble.

*6* • Avant de servir, mélangez et rectifiez l'assaisonnement. Répartissez dans des verrines. Servez.

## › JE SERS AVEC

**PAIN LIBANAIS AU FROMAGE FRAIS**

Pour la pâte : 250 g de farine, 250 g de farine complète, 300 g de yaourt nature, 10 g de levure fraîche, 3 cuil. à soupe d'huile d'olive ; pour la farce : 200 g de fromage frais à tartiner, 40 g de pignons, 1 petit bouquet de menthe ciselé, 1 cuil. à soupe d'huile d'olive, sel, poivre. Préchauffez le four à 30 °C (th. 1). Dans un bol, délayez la levure avec 4 cuillerées à soupe d'eau tiède et 1 cuillerée à soupe de farine. Remuez et laissez reposer 15 minutes. Dans une jatte, mélangez les farines, le sel, la levure délayée, l'huile et le yaourt jusqu'à obtention d'une pâte homogène et souple. Placez la pâte au four 2 heures sur du papier sulfurisé, jusqu'à ce qu'elle gonfle. Sortez-la du four, augmentez la température à 210 °C (th. 7). Préparez la farce en mélangeant tous les ingrédients. Divisez la pâte en deux et étalez-la en deux disques sur un plan de travail bien fariné. Couvrez un disque de farce et recouvrez-le du second disque. Pincez les bords avec un peu d'eau. Enfournez de 20 à 25 minutes.

## › JE SERS AUTREMENT

Vous pouvez servir ce plat sous forme de boulettes : confectionnez des boulettes et faites-les dorer dans un peu d'huile pendant 5 minutes.

# Brochettes de dinde et riz au curry

*Des petites brochettes et un riz au curry pour accueillir les beaux jours avec félicité et gourmandise.*

## *Ingrédients*

POUR 4 VERRINES

**Pour les brochettes**

- **500 g de filet de dinde**
- **4 gousses d'ail**
- **1 yaourt nature**
- **1 citron non traité**
- **1 cuil. à café de coriandre en grains**
- **3 cuil. à soupe de curry en poudre**
- **2 cuil. à soupe d'huile d'olive**
- **sel, poivre**

**Pour le riz**

- **200 g de riz basmati**
- **2 cuil. à soupe de raisins secs**
- **2 cuil. à soupe d'amandes effilées**
- **3 pincées de curry en poudre**

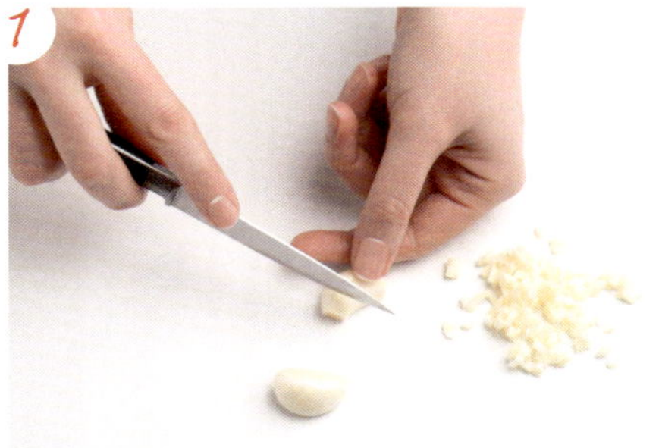

*1*• Préparez la marinade pour les blancs de dinde : pressez le citron, épluchez les gousses d'ail et hachez-les.

*2*• Dans un plat creux, versez l'huile d'olive, l'ail, le citron, le yaourt, le curry et la coriandre. Mélangez, salez légèrement et poivrez.

*3*• Coupez les filets de dinde en cubes, mettez-les dans la marinade, remuez, couvrez d'un film alimentaire et réservez 1 heure au frais.

*4*• Portez une casserole d'eau à ébullition et faites cuire le riz avec le curry en poudre. Faites tremper les raisins dans un bol d'eau tiède pendant 10 minutes.

*5*• Enfilez les cubes de dinde sur des brochettes et faites-les cuire 15 minutes à la poêle en les retournant régulièrement.

*6*• Égouttez le riz et les raisins, ajoutez les amandes effilées et versez dans des verrines ou dans des ramequins. Servez avec les brochettes.

## › MA VARIANTE

**CURRY DE DINDE**
4 escalopes de dinde, 2 oignons, 2 gousses d'ail, 20 cl de lait de coco, 1 cuil. à soupe de pâte de curry (ou de curry en poudre), 1 cube de bouillon de volaille, 1 pincée de piment de Cayenne, huile, sel et poivre. Faites bouillir 20 cl d'eau et diluez-y le cube de bouillon. Coupez les escalopes de dinde en morceaux. Épluchez les oignons et l'ail et émincez-les. Versez un peu d'huile dans une sauteuse et faites suer les oignons et l'ail. Ajoutez les morceaux de dinde et faites-les dorer 5 minutes. Incorporez la pâte de curry et mélangez. Versez le bouillon et le lait de coco. Rectifiez l'assaisonnement, couvrez et laissez mijoter 35 minutes à feu doux. Servez dans des cuillères de présentation, avec des verrines de riz basmati nature.

## › MON TRUC DE CUISINIER

Vous pouvez également faire cuire les brochettes dans le four préchauffé à 240 °C (th. 8).

# Carpaccio de magret de canard fumé

*Pour changer d'un blanc de poulet en salade ou d'un rôti froid, pensez au magret de canard... Une recette vraiment rapide !*

*Ingrédients*

POUR 12 CUILLÈRES

- 2 sachets de magrets fumés en lamelles
- 2 pêches
- 4 cuil. à soupe d'huile d'olive
- 1 cuil. à soupe de vinaigre balsamique
- 1 cuil. à soupe de miel liquide
- 4 clous de girofle
- sel, poivre

1

4

2

5

3

6

1• Préparez la sauce : dans un bol, mélangez le vinaigre balsamique et le miel liquide.

2• Écrasez les clous de girofle et ajoutez-les dans le bol. Salez, poivrez et mélangez de nouveau.

3• Épluchez les pêches et coupez-les en 12 lamelles.

4• Retirez le gras des tranches de magret.

5• Enroulez les lamelles de pêche dans les tranches de magret.

6• Posez les petits rouleaux dans des cuillères de présentation. Arrosez de sauce. Servez.

## MA VARIANTE

### CARPACCIO DE MAGRETS À L'ORANGE

2 sachets de magrets fumés, 4 oranges, 4 cuil. à soupe d'huile d'olive, 1 cuil. à café de moutarde à l'ancienne, 1 cuil. à café de miel liquide, 200 g de mâche, sel, poivre. Lavez la mâche et essorez-la. Émulsionnez la moutarde, le miel, le jus de 2 oranges et l'huile. Salez et poivrez. Mélangez cette sauce à la mâche. Épluchez les 2 oranges qui restent et détaillez-les en quartiers. Enroulez les quartiers d'orange dans les tranches de magret. Répartissez la mâche dans des petits bols, accompagnez des lamelles de magret.

### CARPACCIO DE MILLE-FEUILLE DE FIGUES AU JAMBON DE PAYS

8 figues, 12 fines tranches de jambon cru, 3 cuil. à soupe d'huile de noix, 1 cuil. à soupe de vinaigre balsamique, 80 g de parmesan, sel et poivre. Lavez les figues et coupez-les en fines lamelles. Coupez les tranches de jambon cru à la taille des lamelles de figue. Sur des petites assiettes, alternez des tranches de figue et de jambon, de façon à réaliser un mille-feuille. Salez et poivrez. Dans un bol, émulsionnez le vinaigre avec l'huile, du sel et du poivre. Versez sur les assiettes. À l'aide d'un couteau économe, prélevez des copeaux de parmesan et répartissez-les sur les mille-feuilles.

# Chili con carne

*Et si vous proposiez une soirée tex-mex à vos invités ?*
*Littéralement le « chili avec de la viande » remporte toujours un franc succès.*

## *Ingrédients*

POUR 12 CUILLÈRES

- 140 g de bœuf haché
- 1 petite boîte de haricots rouges
- 1 petite boîte de tomates concassées
- 1 gousse d'ail
- 1 oignon
- 2 cuil. à soupe d'huile d'olive
- 1 cuil. à soupe d'huile d'arachide
- 1 cuil. à café de sucre en poudre
- 1/2 cuil. à café de piment
- sel, poivre

1

2

3

4

5

6

1• Épluchez et émincez finement l'oignon. Pelez, dégermez et hachez l'ail.

2• Dans une sauteuse, faites chauffer l'huile d'olive, ajoutez l'oignon émincé et l'ail haché. Faites-les revenir avec le sucre et le piment en poudre.

3• Salez et poivrez. Laissez cuire 5 minutes, puis ajoutez les tomates concassées. Remuez et laissez cuire à feu doux encore 5 minutes.

4• Égouttez les haricots rouges, mais ne les rincez pas. Ajoutez-les aux tomates. Mélangez bien pour lier les arômes.

5• Dans une poêle, saisissez 2 minutes la viande hachée dans la cuillerée d'huile d'arachide. Puis ajoutez-la à la sauce tomate. Faites cuire 5 minutes.

6• Au besoin, retirez l'excédent de jus. Remplissez vos cuillères de chili. Disposez-les sur un plat de présentation. Servez bien chaud.

## › JE REMPLACE

Remplacez le piment en poudre par de la sauce chilli, pour vous rapprocher au plus près de la saveur exacte du chili con carne. Cette sauce est une sorte de coulis de piment rouge avec quelques additifs : huile, sel, parfois gingembre ou ail. Vous la trouverez au rayon« produits exotiques ». Vous pouvez utiliser du filet de bœuf et le détailler en tout petits dés. Pour plus de couleurs, rajoutez un poivron vert coupé en petits cubes.

## › JE SERS AVEC

Servez à part, dans des petites coupelles, de la mimolette râpée ou du cheddar, des oignons nouveaux émincés, des tomates-cerises coupées en deux ou en quatre, de la coriandre hachée, de la crème fraîche légèrement pimentée. Pour les plus gourmands, vous pouvez aussi proposer des petits bols de riz basmati nature.

# Crèmes brûlées au foie gras

*Cette crème brûlée au foie gras, finement parfumée au sauternes, est irrésistible et inoubliable.*

## *Ingrédients*

**POUR 4 VERRINES**

- **100 g de foie gras de canard cru**
- **15 cl de lait**
- **2 œufs**
- **20 g de sucre roux**
- **2 cuil. à soupe de sauternes**
- **sel, poivre**

1

2

3

4

5

6

*1•* Préchauffez le four à 90 °C (th. 3). Dans une casserole, portez le lait à ébullition. Coupez le foie gras en morceaux en vous assurant qu'il est bien dénervé.

*2•* Cassez les œufs dans un blender, ajoutez le foie gras, mouillez de sauternes et versez le lait chaud. Mixez jusqu'à obtention d'un liquide épais.

*3•* Salez et poivrez la préparation et filtrez-la dans une passoire au fin tamis ou dans un chinois.

*4•* Versez la crème au foie gras dans des ramequins. Enfournez et laissez cuire 40 minutes. Vérifiez la cuisson : si les crèmes tremblent quand on les remue, prolongez la cuisson à basse température.

*5•* Laissez refroidir les crèmes et mettez-les au moins 1 heure au réfrigérateur. Au moment de servir, saupoudrez les ramequins d'une fine couche de sucre roux.

*6•* Faites caraméliser le sucre au chalumeau ou sous le gril du four à haute température : dès que le sucre roussit et se cristallise, arrêtez aussitôt. Servez sans attendre.

*Préparation : 10 minutes* | *Cuisson : 40 minutes* | *Réalisation : très facile* | *Coût : assez cher*

## MA VARIANTE

Vous pouvez parfumer les crèmes avec 2 pincées de quatre-épices mélangées au sucre roux. Vous pouvez augmenter la quantité de foie gras : 250 g de foie gras cru, 200 g de crème fraîche épaisse, 4 cuil. à soupe de sucre roux, sel et poivre. Mixez 150 g de foie gras avec la crème. Coupez le reste du foie gras en cubes et faites-les poêler 1 minute dans une noisette de beurre en les retournant. Salez et poivrez. Répartissez-les dans des ramequins ou des verrines. Versez la crème de foie gras par-dessus et réservez au frais. Faites caraméliser le sucre roux.

## JE SERS AVEC

**MOUILLETTES DE PAIN D'ÉPICES**
faites griller 2 tranches de pain d'épices. Retirez la croûte et taillez les tranches en bâtonnets. Présentez 1 ou 2 mouillettes par crème.

## JE REMPLACE

Vous pouvez remplacer le sauternes par du porto ou du cognac, qui s'accorderont très bien à cette préparation.

# Croquettes de porc aux épices

*De délicieuses croquettes, à déguster lors d'un buffet, d'un apéritif ou en plat principal avec du riz.*

### *Ingrédients*

POUR 24 CROQUETTES

- 400 g d'échine de porc
- 1 œuf
- 1 cuil. à soupe d'épices cinq-parfums
- 1 pincée de piment de Cayenne
- 1 bouquet de menthe
- 1 cuil. à soupe de cacahuètes non salées
- 2 cuil. à soupe d'huile d'arachide
- 1 cuil. à soupe de farine
- sel, poivre

1

2

3

4

5

6

1• Coupez le porc en morceaux et hachez-le. Hachez les cacahuètes. Lavez la menthe et hachez-la.

2• Dans une jatte, battez l'œuf, ajoutez le hachis de porc, d'herbes et de cacahuètes, parfumez avec les épices, salez, poivrez et mélangez intimement.

3• Avec les doigts, formez des boulettes de la taille d'une noix. Versez la farine dans une assiette creuse et roulez les boulettes dans la farine.

4• Mettez les boulettes au réfrigérateur pendant 1 heure afin qu'elles durcissent. Faites chauffer l'huile dans une sauteuse.

5• Faites frire les boulettes dans l'huile bien chaude, puis posez-les sur du papier absorbant.

6• Disposez les boulettes dans des bols de présentation et piquez-les de bâtonnets. Servez bien chaud.

## MA VARIANTE

**BOULETTES DE PORC SAUCE SOJA ET SIROP D'ÉRABLE**

Ingrédients : 400 g de sauté de porc, 2 gousses d'ail, 2 cuil. à soupe de coriandre hachée, 2 cuil. à soupe de sauce soja, 2 cm de gingembre frais, 1 cuil. à café de vinaigre de Xérès. Pour la sauce : 1 cube de bouillon de volaille, 2 cuil. à soupe de sirop d'érable, 2 cuil. à soupe d'huile, 1 cuil. à soupe de vinaigre de Xérès, 1 cuil. à soupe de sauce soja, 1 gousse d'ail hachée. Préparez les boulettes : hachez le porc et les gousses d'ail. Dans un saladier, mettez la viande hachée, l'ail, la coriandre, le vinaigre et la sauce soja. Épluchez le gingembre, râpez-le, mettez-le dans le saladier et mélangez, Façonnez des boulettes, disposez-les dans le panier à vapeur du wok et faites-les cuire 15 minutes. Éliminez l'eau du wok et faites dorer les boulettes avec un peu d'huile. Préparez la sauce : diluez le cube de bouillon dans 10 cl d'eau. Ajoutez tous les ingrédients, émulsionnez et servez avec les boulettes.

## JE SERS AVEC

Du riz gluant, si vous servez les boulettes en plat principal.

# Duo de bœuf et foie gras

*Faites cuire la queue de bœuf la veille, vous n'aurez qu'à la faire réchauffer, et montez les verrines le jour J. Un duo chaud-froid remarquable.*



## Ingrédients

POUR 4 VERRINES

- 600 g de queue de bœuf
- 100 g de bloc de foie gras
- 50 cl de vin rouge corsé
- 2 carottes
- 2 tomates
- 8 oignons grelots
- 1 bouquet garni
- 1/2 orange non traitée
- 30 g de beurre
- 1 cuil. à café de sucre en poudre
- sel et poivre

1• Épluchez les oignons grelots. Pelez les carottes et coupez-les en rondelles. Détaillez la viande en morceaux. Prélevez le zeste de l'orange avec un couteau économe et taillez-le en filaments.

2• Faites fondre la moitié du beurre dans une cocotte et faites dorer la viande. Ajoutez les oignons, les carottes, la moitié du zeste d'orange et le bouquet garni.

3• Coupez les tomates en quartiers et mettez-les dans la cocotte. Salez et poivrez. Arrosez de vin rouge, couvrez et laissez mijoter 3 heures à feu doux.

4• Émiettez la viande et faites-la caraméliser dans le reste de beurre avec 1 cuillerée de sucre. Coupez le bloc de foie gras en 4 tranches.

5• Montez les verrines : remplissez-les à moitié de miettes de viande, ajoutez la tranche de foie gras.

6• Recouvrez des restes de miettes de viande et décorez de l'autre moitié de zeste d'orange.

## JE SERS AVEC

**POLENTA À L'HUILE DE TRUFFE SERVIE EN VERRINES**
150 g de polenta, 50 cl d'eau, 20 cl de lait, 2 cuil. à soupe d'huile de truffe, sel et poivre. Faites bouillir le lait et l'eau dans une grande casserole et versez-y la polenta en pluie, en remuant avec une cuillère en bois. Baissez le feu et laissez cuire le temps que la polenta ait absorbé tout le liquide (entre 30 et 40 minutes) en remuant régulièrement. Salez et poivrez. Versez l'huile de truffe et mélangez. Servez dans des verrines. Si vous manquez de temps, prenez un sachet de polenta à cuisson rapide.

## JE SERS AUTREMENT

Servez dans des cuillères de présentation : répartissez les miettes de viande et décorez d'un cube de foie gras. Dans ce cas, divisez les proportions par deux.

## JE REMPLACE

Le foie gras par une mousse de canard.

# Gelée de melon au jambon de Parme

*Ces jolies verrines orange surprendront par leur texture : il ne s'agit pas d'une soupe mais d'une gelée de melon accompagnée de jambon de Parme. Cette recette n'a pas fini de vous étonner.*

*Ingrédients*

**POUR 4 VERRINES**

- **1 melon**
- **3 cuil. à soupe de muscat**
- **4 tranches de jambon de Parme**
- **4 feuilles de gélatine**
- **8 biscuits à apéritif en forme de bâtonnets**
- **sel, poivre**

1• Coupez le melon en deux, retirez les pépins et les filaments avec une cuillère. Puis, prélevez la chair avec une cuillère à soupe.

2• Mettez les morceaux de melon dans le bol du mixeur et mixez jusqu'à obtenir un smoothie. Faites tremper la gélatine dans un bol avec un 1/2 verre d'eau chaude.

3• Versez la gélatine fondue avec l'eau dans le bol du mixeur et ajoutez le muscat. Poivrez et salez très légèrement. Mixez le tout de nouveau.

4• Versez cette soupe de melon dans quatre verrines. Placez-les au réfrigérateur.

5• Coupez les tranches de jambon de Parme en deux. Retirez le gras. Roulez les tranches de jambon autour des biscuits.

6• Au moment de servir, piquez-les dans la soupe de melon prise en gelée.

## MA VARIANTE

Plus classique et plus rapide, vous pouvez préparer une simple soupe de melon sans y ajouter de gélatine. Autre idée de présentation du jambon : faites frire de chaque côté les tranches de jambon débarrassées de leur gras dans une poêle avec un peu d'huile et laissez-les refroidir sur du papier absorbant. Le jambon va durcir et devenir croquant. Servez les verrines de melon avec les tranches de jambon piquées dedans.

## JE REMPLACE

Vous pouvez remplacer le muscat par une cuillerée à soupe de pastis.

## J'ACHÈTE

Vous pouvez préparer cette recette avec un melon cantaloup charentais à chair orangée ou un melon galia à chair vert-jaune et très désaltérante. Il faut choisir le melon au poids, il doit être lourd, et au nez, pour le prendre bien parfumé. Si vous avez le temps, amusez-vous à faire des verrines bicolores avec un 1/2 melon à chair orangée et un 1/2 melon à chair verte. Remplissez les verrines avec l'un des jus et attendez qu'il prenne, puis versez dessus le jus de l'autre melon et replacez-les au réfrigérateur.

# Piperade au jambon cru

*Des œufs brouillés revenus avec des oignons, des tomates et du jambon cru légèrement croustillant. Parfaits pour un apéritif dînatoire improvisé.*

## *Ingrédients*

**POUR 4 VERRINES**

- **6 œufs**
- **3 tranches de jambon cru**
- **2 tomates**
- **2 oignons**
- **1 gousse d'ail**
- **2 pincées de piment d'Espelette**
- **huile d'olive**
- **sel, poivre**



1

2

3

4

5

6

*1•* Épluchez les oignons, émincez-les finement et faites-les suer dans une sauteuse avec un filet d'huile d'olive.

*2•* Portez une casserole d'eau à ébullition et plongez-y les tomates 30 secondes, égouttez-les, pelez-les, coupez-les en petits dés et mettez-les dans la sauteuse. Épluchez l'ail, émincez-le et ajoutez-le dans la sauteuse.

*3•* Ajoutez le piment d'Espelette, salez et poivrez. Coupez le jambon en lamelles et faites-le dorer à sec dans une poêle.

*4•* Cassez les œufs, battez-les en omelette, salez et poivrez légèrement et versez-les dans la sauteuse avec les oignons et les tomates.

*5•* Laissez cuire quelques minutes et remuez avec une cuillère en bois : l'omelette doit rester bien baveuse..

*6•* Répartissez la piperade dans les verrines et ajoutez les lamelles de jambon croustillant.

*Préparation : 15 minutes* | *Cuisson : 20 minutes* | *Réalisation : facile* | *Coût : bon marché*

## › MA VARIANTE

**PIPERADE… SANS ŒUFS**

(Le terme piperade désigne aussi un confit de légumes au piment d'Espelette) : 2 kg de tomates, 1 poivron rouge, 1 poivron vert, 2 oignons, 1 gousse d'ail, 4 pincées de piment d'Espelette, 4 cuil. à soupe d'huile d'olive, 1/2 cube de bouillon de volaille. Épluchez l'ail et les oignons et émincez-les. Ébouillantez les tomates 30 secondes, pelez-les et coupez-les en dés. Lavez les poivrons, épépinez-les et coupez-les également en petits dés. Versez l'huile dans une sauteuse et faites suer les oignons et l'ail. Ajoutez les poivrons et faites-les cuire 3 minutes. Ajoutez les tomates, le piment d'Espelette et émiettez le cube de bouillon. Mélangez. Couvrez et laissez mijoter 1 heure en remuant régulièrement avec une cuillère en bois : il ne doit plus rester de liquide. S'il en reste, retirez le couvercle et laissez cuire à découvert quelques minutes.

## › J'AJOUTE

Pour une piperade basquaise, ajoutez des dés de poivron en même temps que les tomates et quelques rondelles de chorizo.

# Poulet à la sauge et risotto au citron

*Un plat très simple et très léger qui mettra un peu de soleil dans nos verrines et nos cuillères.*

## *Ingrédients*

POUR 12 CUILLÈRES ET 4 VERRINES

- 2 blancs de poulet
- 2 cuil. à soupe d'huile d'olive
- 1 cuil. à soupe de jus de citron
- 10 feuilles de sauge

**Pour le risotto**

- 250 g de riz (arborio)
- 25 cl de vin blanc
- 1 jus de citron et son zeste
- 10 g de beurre
- 1 oignon émincé
- 50 g de parmesan
- 2 cuil. à soupe de crème fraîche
- 1 cube de bouillon
- sel, poivre

1• Coupez les blancs de poulet en 12 lamelles, mettez-les dans un plat, arrosez-les d'huile et de jus de citron. Ajoutez les feuilles de sauge et mélangez.

2• Couvrez d'un film alimentaire et faites mariner au frais 30 minutes. Préparez le riz : portez à ébullition 1 litre d'eau, diluez le cube de bouillon et versez le jus de citron.

3• Dans une sauteuse, faites suer l'oignon dans le beurre, ajoutez le riz. Lorsque les grains sont translucides, ajoutez un peu de bouillon.

4• Laissez absorber le bouillon, puis remettez-en. Renouvelez l'opération jusqu'à épuisement du liquide. En fin de cuisson, ajoutez la crème fraîche et le zeste de citron.

5• En milieu de cuisson du riz, faites dorer les blancs de poulet 10 minutes dans un peu d'huile de la marinade.

6• Répartissez les lamelles de poulet dans des cuillères et versez le riz dans des verrines. Servez aussitôt.

*Préparation : 20 minutes* | *Marinade : 30 minutes* | *Cuisson : 20 minutes* | *Réalisation : facile* | *Coût : bon marché*

## › MA VARIANTE

Servez du riz nature ou une poêlée de haricots verts. Lorsque les lamelles de poulet sont cuites, réservez-les au chaud. Déglacez rapidement la poêle en grattant les sucs avec une spatule en bois et la marinade du poulet réservée. Faites réduire jusqu'à ce que la marinade caramélise. Nappez le riz nature ou les haricots de cette sauce.

## › JE SERS AUTREMENT

Servez dans des cocottes individuelles : répartissez le riz dans les cocottes, puis couvrez-le de lamelles ou de dés de poulet. Vous pouvez présenter en verrines, en alternant des couches de risotto et de dés de poulet dans des verres au diamètre suffisamment large.

# Poulet aux amandes et au riz gluant

*Une version très simple et néanmoins succulente du poulet aux amandes, venue directement d'Asie. Le tout servi à la cuillère sur un riz des plus gluants !*

## Ingrédients

**POUR 12 CUILLÈRES**

- **2 escalopes de poulet**
- **150 g de riz gluant**
- **4 cuil. à soupe de sauce soja**
- **3 cuil. à soupe d'huile d'arachide**
- **1 cuil. à soupe de Maïzena**
- **2 cuil. à soupe de sucre roux**
- **40 g d'amandes effilées**
- **sel, poivre**

1• Laissez tremper le riz dans un grand volume d'eau pendant 12 heures. Puis faites-le cuire 1 heure dans une cocotte sans mettre de pression.

2• Pendant le temps de cuisson, mettez la sauce soja dans un bol avec la Maïzena, le sucre roux et deux cuillerées d'huile. Mélangez.

3• Coupez le poulet en petits cubes et versez la marinade dessus. Mélangez, couvrez d'un film alimentaire et laissez reposer au moins 30 minutes. Lavez et ciselez la coriandre.

4• Faites chauffer une sauteuse et faites revenir les cubes de poulet 5 minutes avec la moitié de la marinade. Remuez régulièrement avec une cuillère en bois.

5• Ajoutez les amandes et laissez cuire encore 2 minutes. Égouttez le riz. Tapissez le fond des cuillères de riz. Tassez un peu avec les doigts.

6• Recouvrez d'un cube ou deux de poulet aux amandes. Versez un peu de sauce.

## › J'ACHÈTE

Vous trouverez le riz gluant dans les supermarchés ou les épiceries asiatiques. À la cuisson, il devient visqueux et légèrement opaque. Il est parfait pour tous les mets enrobés (comme les boulettes) et entre aussi dans la composition de nombreux desserts.

## › JE M'ORGANISE

La recette de poulet est très rapidement réalisée. C'est le temps de marinade et surtout le temps de trempage du riz qui sont un peu longs. Vous pouvez donc réaliser cette recette sans avoir beaucoup de temps et laisser tremper le riz la veille pour le lendemain ou le matin pour le soir.

## › JE PRÉSENTE AUTREMENT

Présentez ce plat dans des verrines : remplissez à moitié vos verres de riz, puis de poulet. Remplacez les amandes effilée  par des amandes ou des noix de cajou concassées et saupoudrées sur la verrine.

# Quiches aux lardons et curry

*Des petites quiches légères sans pâte… Servez ces bouchées avec une salade pour un dîner léger ou lors d'un apéritif dînatoire.*



## *Ingrédients*

POUR 12 MINI-BOUCHÉES

- 2 œufs
- 20 cl de lait
- 20 g de farine
- 40 g de gruyère râpé
- 40 g de lardons
- 1 pincées de curry
- 300 g de jeunes pousses d'épinard
- 3 cuil. à soupe d'huile d'olive
- 1 cuil. à soupe de vinaigre balsamique
- sel, poivre

1

2

3

4

5

6

*1*• Préchauffez le four à 180 °C (th. 6). Dans un saladier, battez les œufs en omelette. Ajoutez le lait, salez et poivrez. Mélangez.

*2*• Ajoutez le curry et la farine, mélangez de nouveau. Faites dorer les lardons dans une poêle antiadhésive sans ajout de matière grasse.

*3*• Épongez-les dans du papier absorbant et ajoutez-les avec le gruyère à la préparation. Mélangez avec une spatule en bois.

*4*• Versez la préparation dans des mini-moules en silicone remplis aux trois quarts. Enfournez 15 minutes. Surveillez la cuisson : entre 10 et 20 minutes selon la taille des moules.

*5*• Laissez tiédir avant de démouler. Lavez la salade et essorez-la. Émulsionnez le vinaigre avec l'huile. Salez et poivrez.

*6*• Répartissez la salade dans des petits bols, versez la vinaigrette dessus. Servez les bouchées dans des cuillères.

## JE REMPLACE

La garniture par les réserves des placards. Les variations sont infinies : des fromages comme le roquefort, le gruyère, le cantal, le gouda au cumin, le chèvre, ou encore des tomates séchées avec des pignons de pin ou des miettes de thon...

## MA VARIANTE

Préparez des quiches avec pâte : utilisez une pâte brisée et confectionnez des disques de pâte avec un petit verre de la taille des mini-moules à tartelettes. Ajoutez la garniture et faites cuire 20 minutes.

## MON TRUC DE CUISINIER

Il est important de faire sauter les lardons à vif pour leur faire rendre leur gras, puis de bien les éponger sur du papier absorbant. Cette étape est nécessaire si on ne veut pas de lardons caoutchouteux dans la tarte. Ayez la main légère sur le sel : les lardons sont déjà suffisamment salés. Si, lorsque vous versez la pâte dans les moules, les lardons remontent à la surface, enfoncez-les légèrement à l'aide d'une cuillère.

# Tartare de bœuf épicé

*Des cuillères qui suggèrent le dépaysement culinaire. De très fines tranches de bœuf assaisonnées de sauce soja... Vous ne laisserez personne indifférent avec ces cuillères.*

*Ingrédients*

**POUR 12 CUILLÈRES**

- **400 g de rumsteak**
- **12 brins de coriandre**
- **10 brins de menthe**
- **1 échalote**
- **1 gousse d'ail**

**Pour la sauce**

- **1 cuil. à soupe de nuoc-mam**
- **1 cuil. à soupe de sauce soja**
- **2 citrons verts**
- **15 g de gingembre frais**
- **1 cuil. à café de sucre roux**
- **1 gousse d'ail**

1

2

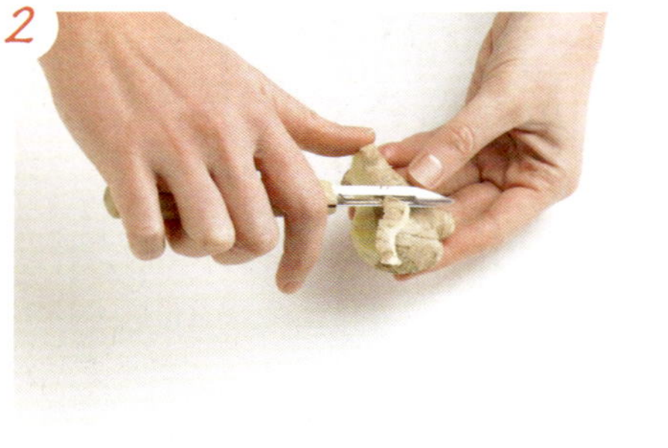

3

4

5

6

1• Préparez la sauce : pressez le jus des citrons. Épluchez la gousse d'ail. Mettez le jus des citrons et l'ail dans le bol d'un robot mixeur.

2• Ajoutez la sauce nuoc-mam, la sauce soja et le sucre roux. Pelez le gingembre et coupez-le grossièrement. Ajoutez-le dans le robot.

3• Faites tourner tous ces ingrédients 2 minutes. Réservez la sauce au frais. Épluchez et émincez l'échalote. Lavez, essorez et ciselez les herbes.

4• Sur un plan de travail, coupez la viande en fines lamelles. Détaillez-la ensuite en petits cubes.

5• Mettez-la dans un saladier avec les herbes ciselées, l'échalote émincée. Remuez bien le tout et répartissez dans les cuillères.

6• Arrosez chaque cuillère d'un peu de sauce, servez sans attendre.

## › MA VARIANTE

**TARTARE DE BŒUF ÉPICÉ AUX CÂPRES ET CRUMBLE AU PARMESAN**
Pour le tartare : 400 g de rumsteak, 3 petits oignons blancs, 2 cuil. à soupe de câpres, 15 g de gingembre frais, 1 cuil. à soupe de sauce soja, 1 cuil. à soupe de whisky, 3 gouttes de Tabasco, 3 jaunes d'œufs, 10 brins de persil. Pour le crumble : 30 g de beurre, de farine, de parmesan et de poudre d'amandes. Préchauffez le four à 210 °C (th. 7). Mélangez du bout des doigts les ingrédients du crumble jusqu'à obtention d'une pâte sableuse. Répartissez-la sur une plaque recouverte de papier sulfurisé et enfournez 15 minutes. Pendant ce temps, taillez la viande au couteau en tout petits dés. Mettez-la dans un saladier. Épluchez et émincez les oignons et le gingembre. Lavez, ciselez le persil. Ajoutez les oignons, le gingembre, les câpres, la sauce soja, le whisky, le Tabasco, les jaunes d'œufs et le persil ciselé. Amalgamez-bien l'ensemble. Remplissez des verrines de ce tartare. Recouvrez de brisures de crumble.

## › JE GAGNE DU TEMPS

Remplacez la pièce de rumsteak par la même quantité de steak haché. Mais, attention, pour un tartare, la fraîcheur de la viande doit être irréprochable.

# › SUCRÉES

# Cappuccino choco-poires

*Une mousse tout en légèreté que vous pourrez servir façon cappuccino dans une tasse. Un dessert très cuisiné fait d'ingrédients tout simples.*

*Ingrédients*

POUR 4 TASSES

- 2 poires
- glace à la noisette

**Pour la ganache**

- 100 g de chocolat noir
- 100 g de chocolat blanc
- 25 cl de lait
- 10 cl de crème liquide

**Pour la chantilly**

- 40 cl de crème liquide très froide
- 1 sachet de fixe-chantilly (facultatif)
- 50 g de sucre glace
- 1 cuil. à soupe d'extrait de vanille
- 2 cuil. à soupe de
- noisettes en poudre



1

4

2

5

3

6

1• Cassez le chocolat en morceaux et mettez-le dans un saladier. Faites chauffer le lait avec la crème liquide, et versez le mélange bouillant sur le chocolat.

2• Fouettez avec un fouet manuel. La ganache doit être bien onctueuse. Réservez-la au frais.

3• Montez la chantilly : battez la crème liquide au batteur électrique avec le sachet de fixe-chantilly.

4• Ajoutez le sucre glace et l'extrait de vanille. Réservez au frais. Pelez les poires et coupez-les en dés.

5• Montez vos verrines : disposez dans vos tasses des dés de poires, des quenelles de glace à la noisette.

6• Recouvrez de chantilly et nappez de crème au chocolat. Saupoudrez de poudre de noisettes.

## › MA VARIANTE

**VERRINE DE MOUSSE AU CHOCOLAT ET À LA POIRE**
Mousse au chocolat : 3 œufs, 140 g de chocolat noir, 1 cuil à soupe de lait. Mousse aux poires : 15 cl de crème liquide, 40 g de sucre, 5 feuilles de gélatine, 1 petite boîte de poires au sirop. Préparez la mousse au chocolat : séparez les blancs des jaunes. Montez les blancs en neige bien ferme avec une pincée de sel. Cassez le chocolat en morceaux et faites-le fondre au bain-marie avec le lait. Fouettez les jaunes et versez le chocolat fondu dessus. Ajoutez délicatement les blancs. Réservez au frais. Préparez la mousse aux poires : faites tremper les feuilles de gélatine. Égouttez les poires et mixez-les avec le sucre. Faites chauffer ce mélange, ajoutez les feuilles de gélatine essorées. Montez la crème liquide en chantilly au batteur avec le sucre. Ajoutez le mélange à la poire. Montez vos verrines, en les remplissant à moitié de mousse au chocolat et de mousse à la poire.

## › JE REMPLACE

La poudre de noisettes par des noisettes ou des pistaches entières concassées, la ganache par un caramel prêt à l'emploi. La glace aux noisettes par une glace au chocolat ou au café.

# Charlotte aux pêches

*Un dessert délicieux, léger, facile à réaliser. Présenté dans des verrines, aucun problème pour l'habituel démoulage délicat des charlottes. Essayez la recette sans attendre !*

*Ingrédients*

**POUR 4 VERRINES**

- 1 grosse boîte de pêches au sirop
- 20 biscuits à la cuillère
- 15 cl de lait
- 2 jaunes d'œufs
- 2 feuilles de gélatine
- 20 cl de crème liquide bien froide
- 40 g de sucre en poudre
- 1 sachet de sucre vanillé



1

2

3

4

5

6

*1•* Dans une casserole, mettez le lait à chauffer. Pendant ce temps, fouettez dans un saladier les jaunes d'œufs avec le sucre en poudre. Versez le lait chaud sur le mélange sans cesser de remuer.

*2•* Remettez l'ensemble à cuire toujours sans cesser de remuer jusqu'à ce que la crème épaississe et nappe la cuillère. Dans un bol d'eau froide, faites tremper les feuilles de gélatine 10 minutes.

*3•* Égouttez et essorez la gélatine hors du feu incorporez-la à la crème, remuez et laissez refroidir. Préparez la chantilly : fouettez au batteur électrique la crème liquide avec le sucre vanillé.

*4•* Incorporez la chantilly à la crème aux œufs. Réservez 2 demi-pêches et coupez les autres en dés. Ajoutez les dés à la préparation. Trempez les biscuits à la cuillère dans le sirop de pêches.

*5•* Tapissez 4 fonds de verrines. Coupez les biscuits à la taille des verres pour qu'ils ne dépassent pas, et bordez-en les parois des verres.

*6•* Remplissez les verres du mélange aux pêches. Puis décorez avec les pêches restantes coupées en rosaces. Mettez au frais au moins 3 heures.

Préparation : 20 minutes | Cuisson : 10 minutes | Réfrigérartion : 3 heures | Réalisation : facile | Coût : bon marché

## › MA VARIANTE

**VERRINES DE CHARLOTTE CHAUDE AUX POMMES**
Trempez les biscuits à la cuillère dans du cidre et tapissez-en les fonds et les parois des verrines. Pelez, épépinez et coupez en dés 4 pommes. Faites-les compoter 15 minutes dans une casserole avec 1 cuillerée d'eau. En fin de cuisson, ajoutez 50 g de sucre et 20 g de beurre. Garnissez les verres de compote, recouvrez de biscuits imbibés de cidre et servez immédiatement avec de la crème fraîche à part.

## › JE REMPLACE

Pour une charlotte express, tapissez les verrines, comme dans la recette, de biscuits à la cuillère imbibés de sirop de pêche. Puis garnissez les verres d'une mousse composée de 150 g de fromage blanc à 40 %, 80 g de mascarpone et 100 g de sucre. Ajoutez à la mousse les dés de pêches au sirop. Recouvrez de biscuits et mettez au frais 3 heures.

# Cheesecake au citron vert

*Un dessert léger et rafraîchissant, parfait pour terminer un repas sur une note digeste. La texture mousseuse du cheesecake et le croustillant des biscuits, on ne s'en lasse pas !*

## *Ingrédients*

**POUR 4 VERRINES**

- **12 spéculoos**
- **40 g de beurre**
- **200 g de fromage blanc ou de Saint-Moret®**
- **1 feuille de gélatine**
- **2 petits citrons verts non traités**
- **2 blancs d'œufs**
- **50 g de sucre**

*1•* Lavez les citrons verts sous l'eau tiède et essuyez-les. Râpez le zeste de 1 citron. Prélevez un ruban de zeste sur l'autre citron et détaillez-le en quatre dans la longueur. Pressez le jus des 2 citrons.

*2•* Faites ramollir la feuille de gélatine dans un bol d'eau froide. Faites chauffer le jus de citron dans une casserole et incorporez la gélatine égouttée en remuant jusqu'à ce qu'elle fonde. Laissez refroidir.

*3•* Mettez les spéculoos dans le bol du mixer avec le beurre coupé en morceaux et réduisez-les en poudre. Versez cette pâte dans des verrines, tassez légèrement et réservez au frais.

*4•* Dans un saladier, fouettez vivement le fromage blanc et le sucre, incorporez le jus de citron et le zeste. Fouettez les blancs d'œufs en neige très ferme.

*5•* Ajoutez les blancs battus à la préparation précédente en soulevant avec une spatule jusqu'à obtenir un mélange homogène. Remplissez les verrines de la préparation au fromage blanc.

*6•* Décorez les verrines d'un long zeste de citron vert et remettez-les au moins 3 heures au réfrigérateur. Servez bien frais.

Préparation : 20 minutes | Réfrigération : 3 heures | Réalisation : facile | Coût : bon marché

## › MA VARIANTE

Vous pouvez parfumer le cheesecake avec 1 sachet de sucre vanillé ou 1 cuillerée à soupe de sirop de menthe pour renforcer l'aspect rafraîchissant. Vous pouvez également ajouter des fruits, comme une mangue ou une dizaine de litchis. Hachez grossièrement la pulpe avant de l'ajouter au fromage en même temps que le jus de citron.

## › J'ACHÈTE

Choisissez un fromage onctueux et compact comme le Saint-Moret® ou une faisselle bien égouttée. Même si les agrumes ne sont pas traités, il est important de les laver, car ils ont été manipulés.

## › JE REMPLACE

Pour un dessert allégé, vous pouvez utiliser du fromage blanc à 0 % et de l'édulcorant. Pour plus de douceur, vous pouvez remplacer les blancs d'œufs par 15 cl de crème fraîche entière liquide. Il est important que la crème soit très froide ainsi que le récipient qui servira à monter la chantilly. Mettez le récipient au réfrigérateur ou placez-le dans un autre récipient contenant des glaçons.

# Compote de mangues

*Un dessert chaud-froid, tout en nuances, avec ces mangues tièdes accompagnées de glace à la vanille. Un dessert au parfum subtil tout simple à réaliser.*

*Ingrédients*

**POUR 4 VERRINES**

- 4 mangues
- 3 pincées de cannelle
- 1 citron non traité
- 100 g de raisins secs
- 60 g de sucre de canne
- 1 sachet de sucre vanillé
- les graines de 1/2 gousse de vanille




1

2

3

4

5

6

*1•* Épluchez les mangues et coupez la chair en lamelles d'environ 1 cm. Lavez le citron, brossez-le, séchez-le, coupez-le en quatre dans la longueur, puis en fines lamelles.

*2•* Mettez la cassonade, le sucre vanillé, la cannelle et les graines de vanille avec 1 cuillerée à soupe d'eau dans une grande casserole à fond épais.

*3•* Portez à ébullition et ajoutez les lamelles de mangue, de citron et les raisins. Laissez frémir 15 minutes après la reprise de l'ébullition.

*4•* Remuez, poursuivez la cuisson si nécessaire jusqu'à ce que les mangues soient fondantes et enrobées d'un sirop épais.

*5•* Répartissez la compote de mangue dans des verrines.

*6•* Servez la compote chaude ou tiède avec une boule de glace à la vanille.

## › JE SERS AVEC

**PAIN PERDU**
8 tranches de pain rassis, 2 œufs, 20 cl de lait, 30 g de cassonade, 1 sachet de sucre vanillé, 80 g de beurre. Battez les œufs en omelette, ajoutez la cassonade, le sucre vanillé, le lait et fouettez l'ensemble. Trempez les tranches de pain sec dans ce mélange : le pain doit être imprégné, mais pas ramolli. Égouttez le pain dans une passoire au-dessus d'une assiette. Faites chauffer le beurre dans une grande poêle et faites doucement dorer les tranches de pain. Retournez-les dès coloration. Dégustez tiède.

## › JE REMPLACE

Les compotes de fruits se déclinent à l'infini : des poires, des pommes, des fruits secs...

## › MON TRUC DE CUISINIER

La mangue doit être un peu souple au toucher et avoir un bon parfum. Plus elle est jaune, plus elle est mûre. Pour la conserver, mettez-la dans un endroit frais, mais pas au réfrigérateur.

# Crème glacée choco-café et meringue

*Des verrines très gourmandes qui se dégustent glacées un soir de grande chaleur. Un dessert tout simple, réalisé à partir de meringues achetées dans le commerce.*

## *Ingrédients*

POUR 4 VERRINES

- **4 petites meringues**
- **60 cl de lait**
- **60 g de sucre**
- **80 g de chocolat noir + 40 g de copeaux**
- **1 cuil. à café de café instantané**
- **1 cuil. à soupe de Maïzena**
- **2 œufs**

1
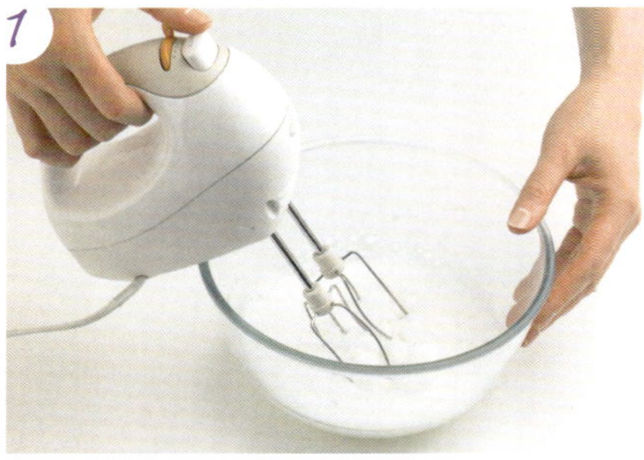

2

3

4

5

6

*1•* Séparez les jaunes d'œufs des blancs. Battez les blancs en neige bien ferme et réservez-les.

*2•* Dans une casserole à fond épais, faites chauffer les jaunes et la Maïzena à feu doux sans cesser de remuer. Versez le lait dessus.

*3•* Ajoutez le café instantané, continuez à remuer, jusqu'à ce que le mélange épaississe. Attention à ne pas le faire brûler.

*4•* Coupez le chocolat en morceaux et ajoutez-les. Versez le sucre et continuez à mélanger. Retirez du feu. Laissez tiédir.

*5•* Ajoutez la crème au chocolat et café aux œufs en neige. Mélangez délicatement. Mettez la crème dans une boîte hermétique et placez-la au congélateur 3 heures.

*6•* Toutes les heures, mélangez la crème glacée. Émiettez grossièrement une meringue par verre. Recouvrez de crème au chocolat et café. Décorez de copeaux de chocolat.

Préparation : 20 minutes | Cuisson : 10 minutes | Congélation : 3 heures | Réalisation : facile | Coût : bon marché

## MA VARIANTE

**GRANITÉ CAFÉ CANNELLE**

Ingrédients : 40 cl de café très fort, 80 g de sucre en poudre, 1 cuil. à café de cannelle, chantilly. Dans une casserole, faites chauffer 15 cl d'eau avec le sucre et la cannelle, sans cesser de remuer avec une cuillère en bois. Hors du feu, ajoutez le café. Mettez dans une boîte hermétique et faites prendre 3 heures au congélateur, en remuant régulièrement. Répartissez dans des verrines, recouvrez de chantilly.

## MON TRUC DE CUISINIER

Si vous avez une sorbetière, faites épaissir la crème dedans, vous gagnerez du temps au lieu des 3 heures au congélateur. Si vous n'en avez pas, faites comme indiqué dans la recette. Dès que des paillettes de glace se forment à la surface de la crème, mélangez de façon à briser les cristaux de glace, refermez la boîte et remettez au congélateur. Renouvelez l'opération au moins une fois. Pour faire les copeaux de chocolat, utilisez un couteau économe. Vous pouvez aussi servir cette crème froide et non glacée en la mettant simplement 3 heures au réfrigérateur.

# Crèmes norvégiennes

*De délicieuses crèmes couvertes de meringue. Voilà comment concocter avec quelques ingrédients très simples et bon marché un dessert de fête qui sort de l'ordinaire.*

*Ingrédients*

**POUR 4 VERRINES**

- **4 œufs**
- **120 g de sucre**
- **1 citron non traité**
- **15 cl de crème liquide**
- **10 cl de lait**
- **1 sachet de sucre vanillé**



1

2

3

4

5

6

*1*• Lavez le citron, prélevez le zeste à l'aide d'un couteau économe et hachez-le. Faites chauffer la crème dans une casserole avec le lait et le zeste de citron.

*2*• Laissez épaissir quelques minutes, retirez la casserole du feu, couvrez et laissez infuser 10 minutes. Préchauffez le four à 120 °C (th. 4).

*3*• Dans un saladier, fouettez 1 œuf entier avec 2 jaunes. Ajoutez 50 g de sucre et la moitié du jus de citron. Versez peu à peu la crème dans le saladier, sans cesser de remuer.

*4*• Versez la crème dans des ramequins et enfournez 30 minutes. Laissez tiédir, puis réservez 2 heures au réfrigérateur.

*5*• Juste avant de servir, préparez la meringue : montez la température du four à 210 °C (th. 7). Battez les 2 blancs d'œufs en neige.

*6*• Incorporez le reste de sucre et le sucre vanillé. Répartissez la meringue sur les crèmes et faites dorer 5 minutes au four. Servez aussitôt.

## › MA VARIANTE

**OMELETTES NORVÉGIENNES INDIVIDUELLES**

4 sablés bretons, 2 poires, 1/4 de litre de glace à la vanille, 4 cuil. à soupe de sucre en poudre, 2 blancs d'œufs, 50 g de sucre glace, 2 cuil. à soupe d'eau. Épluchez les poires, épépinez-les et coupez-les en tranches fines. Dans une poêle, faites un caramel avec le sucre en poudre et l'eau. Plongez les poires dans le caramel. Préparez une meringue italienne en fouettant les blancs montés en neige avec le sucre glace. Posez les poires caramélisées sur les sablés. Coupez 4 tranches de glace et confectionnez des cercles de glace à l'aide d'une tasse de la taille des sablés. Mettez la glace sur les poires. Disposez sur un plat allant au four et passez 1 minute sous le gril afin de faire dorer la meringue. Servez aussitôt.

# Fromage blanc aux abricots

*Une légèreté incomparable et une fraîcheur onctueuse,
voici une délicieuse verrine de fromage blanc aux fruits facile à réaliser.*

*Ingrédients*

POUR 4 VERRINES

- 250 g de fromage blanc en faisselle
- 20 g de sucre
- 1 citron
- 2 feuilles de gélatine
- 2 blancs d'œufs
- 4 abricots
- 4 cuil. de confiture d'abricots

1

4

2

5

3

6

*1•* Mettez les feuilles de gélatine à ramollir dans de l'eau froide pendant 10 minutes, égouttez-les et essorez-les avec les doigts. Pressez le citron, faites chauffer le jus et incorporez les feuilles de gélatine.

*2•* Laissez fondre à feu doux, mélangez et réservez hors du feu. Montez les blancs d'œufs en neige bien ferme avec 1 pincée de sel.

*3•* Versez le fromage blanc dans un saladier. Ajoutez le sucre et les blancs en neige. Incorporez le jus de citron à la gélatine. Mélangez jusqu'à obtention d'une préparation homogène.

*4•* Répartissez la moitié du mélange dans des verrines et faites prendre au congélateur 30 minutes. Lavez les abricots, essuyez-les, dénoyautez-les et coupez-les en quartiers.

*5•* Une fois le mélange pris, répartissez par-dessus les quartiers d'abricot, couvrez de fromage blanc, lissez et mettez quelques heures au réfrigérateur.

*6•* Au moment de servir, nappez de confiture d'abricots.

## MA VARIANTE

**VERRINES DE FROMAGE BLANC AUX FRAISES ET AUX FRAMBOISES**
400 g de fromage blanc, 400 g de fraises, 125 g de framboises, 3,5 feuilles de gélatine, 1 citron, 2 cuil. à soupe de sucre en poudre, 2 blancs d'œufs. Lavez les fraises et les framboises, réservez-en une dizaine et mixez le reste. Répartissez la moitié du coulis de fraises et de framboises dans des coupes et mettez-les au congélateur pendant 45 minutes. Versez le fromage blanc dans un saladier, ajoutez le jus de citron à la gélatine, les blancs d'œufs en neige et le sucre. Mélangez. Répartissez la moitié de ce mélange sur le coulis glacé, couvrez-le de morceaux de fraises et de framboises, de fromage blanc, puis de coulis. Mettez au réfrigérateur 3 heures. Décorez avec quelques feuilles de menthe.

## JE REMPLACE

Vous pouvez remplacer les abricots frais par des abricots secs, des abricots au sirop ou des pruneaux. Si vous utilisez des fruits secs, pensez à les réhydrater dans un bol en versant par-dessus une préparation au thé très chaude.

# Fromage blanc aux miettes de spéculoos

*Comment faire un dessert d'exception avec des ingrédients simples que l'on consomme tous les jours ? Tout simplement en soignant la présentation. À vos cuillères !*



## *Ingrédients*

**POUR 12 CUILLÈRES**

- 120 g de fromage blanc
- 80 g de crème fraîche épaisse
- 2 cuil. à soupe de sucre glace
- 1 cuil. à café de vanille en poudre
- 5 spéculoos

**Pour le coulis**

- 100 g de mûres surgelées
- 1 citron
- 4 cuil. à soupe de sucre

1• Dans un saladier, versez la crème fraîche et le sucre glace, battez quelques instants au batteur électrique.

2• Ajoutez la vanille et le fromage blanc. Battez au fouet et répartissez ce mélange dans 12 cuillères de présentation. Réservez 30 minutes au frais.

3• Faites décongeler les mûres au four à micro-ondes et mettez-les dans le bol d'un mixeur.

4• Pressez le citron. Ajoutez le sucre et le jus de citron dans le bol du mixeur et mixez jusqu'à obtention d'un coulis.

5• Sortez les cuillères du réfrigérateur, répartissez un peu de coulis de mûres dans chacune d'elles.

6• Mixez grossièrement les spéculoos et répartissez les miettes dans les cuillères.

## › JE REMPLACE

Pour gagner du temps, prenez un sachet de coulis surgelé de fruits rouges, de framboises, de fraises... Remplacez les spéculoos par des petits-beurre ou des galettes bretonnes et la crème fraîche par du mascarpone.

## › JE SERS AVEC

**PETITS GÂTEAUX MOELLEUX AU FROMAGE BLANC**
100 g de fromage blanc, 100 g de sucre, 3 œufs, 100 g de farine, 1 sachet de levure chimique, 5 cl d'huile. Préchauffez le four à 180 °C(th. 6). Dans un saladier, au batteur électrique, fouettez le fromage blanc avec le sucre, ajoutez les œufs un à un. Versez la farine et la levure et battez de nouveau. Ajoutez l'huile progressivement. Versez la pâte aux trois quarts dans des moules à muffins en silicone. Enfournez de 35 à 40 minutes. Les gâteaux sont cuits lorsque la pointe d'un couteau en ressort sèche. Démoulez-les et laissez-les refroidir sur une grille.

# Îles flottantes au coulis de fraises

*Des îles flottantes différentes : imaginez des quenelles de blancs d'œufs relevées d'un peu de gingembre, posées sur un coulis de fraises et une crème anglaise !*

*Ingrédients*

POUR 4 VERRINES

- 15 cl de coulis de fraises

**Pour la crème anglaise**

- 3 jaunes d'œufs
- 2 petites tasses de lait écrémé
- 1/2 gousse de vanille
- 2 cuil. à soupe de sucre

**Pour les îles flottantes**

- 3 blancs d'œufs
- 1 pincée de sel
- 2 cm de gingembre frais
- 20 g de graines de sésame

1

2

3

*1•* Préparez la crème anglaise : faites bouillir le lait avec la demi-gousse de vanille fendue en deux (grattez un peu les grains et laissez-les tomber dans le lait).

*2•* Battez les jaunes d'œufs dans un saladier avec 1 cuillerée d'eau et 2 cuillerées à soupe de sucre.

*3•* Retirez la gousse de vanille, versez le lait bouillant sur les jaunes d'œufs et fouettez. Reversez le tout dans la casserole et laissez épaissir sur feu doux sans cesser de remuer avec une cuillère en bois.

4

5

6

*4•* La crème est prête lorsqu'elle nappe la cuillère. Réservez-la au réfrigérateur. Préparez les îles flottantes : épluchez le gingembre et hachez-le.

*5•* Battez les blancs d'œufs en neige au batteur électrique en leur ajoutant à la fin le sucre et le gingembre râpé. Portez une grande casserole d'eau à ébullition. Formez des quenelles de blancs d'œufs avec une cuillère.

*6•* Faites pocher les quenelles 1 minute de chaque côté dans l'eau frémissante. Montez des verrines ou des coupes : versez le coulis de fraises, la crème anglaise et les îles flottantes. Parsemez de graines de sésame. Servez.

*Préparation : 20 minutes* | *Cuisson : 10 minutes* | *Réalisation : facile* | *Coût : raisonnable*

## › JE SERS AVEC

**TUILES AUX GRAINES DE SÉSAME**
2 blancs d'œufs, 50 g de farine, 4 cuil. à soupe de sucre, 40 g de beurre, 20 g de poudre d'amandes, 1 cuil. à soupe d'huile de sésame, 30 g de graines de sésame. Préchauffez le four à 210 °C (th. 7). Mélangez les blancs d'œufs et la farine, ajoutez le sucre et le beurre préalablement fondu au four à micro-ondes, l'huile de sésame, la poudre d'amandes et les graines de sésame. À l'aide d'une cuillère, faites des petits tas de pâte sur la plaque de cuisson du four en les espaçant suffisamment et en les aplatissant avec le dos de la cuillère. Enfournez 5 minutes.

## › MON TRUC DE CUISINIER

Vous pouvez faire cuire les blancs en neige au four à micro-ondes. Remplissez des ramequins beurrés et sucrés de blancs d'œufs montés en neige et faites-les cuire 40 secondes à la puissance la plus basse.

## › JE PRÉSENTE AUTREMENT

Si vous disposez de cuillères de présentation suffisamment larges, versez-y un peu de coulis et de crème anglaise. Posez délicatement par-dessus des petits morceaux de blancs montés en neige. Vous pouvez ajouter un filet de caramel liquide prêt à l'emploi ou un peu de miel liquide.

# Mousse au chocolat et au beurre salé

*On ne se lasse jamais de l'onctuosité gourmande d'une mousse au chocolat, surtout lorsqu'elle est au beurre salé et accompagnée de mini-cakes.*

*Ingrédients*

POUR 4 VERRINES

- 120 g de chocolat noir
- 50 g de beurre demi-sel
- 3 œufs
- 1 cuil. à soupe de sucre glace

POUR 6 À 8 PETITS CAKES

- 100 g de sucre en poudre
- 180 g de farine
- 1/2 sachet de levure chimique
- 150 g de chocolat noir
- 80 g de beurre



1

2

3

4

5

6

1• Préchauffez le four à 180 °C (th. 6). Coupez le chocolat et le beurre en morceaux et faites-les fondre dans une casserole au bain-marie.

2• Battez les œufs avec le sucre, ajoutez la farine, la levure et le mélange chocolat-beurre. Versez aux deux tiers dans des petits moules en silicone et enfournez 25 minutes.

3• Pendant ce temps, préparez la mousse : faites fondre le beurre et le chocolat au bain-marie. Cassez les œufs en séparant les jaunes des blancs.

4• Versez les jaunes dans un saladier avec le mélange beurre-chocolat. Remuez vivement. Montez les blancs en neige avec 1 pincée de sel, ajoutez le sucre glace en pluie tout en continuant de battre.

5• Ajoutez délicatement les blancs dans le saladier. Répartissez la mousse dans des petits verres et réservez au moins 2 heures au frais.

6• Laissez tiédir les cakes, démoulez-les et laissez-les refroidir. Servez les verrines de mousse avec les cakes.

*Préparation : 20 minutes* | *Cuisson : 30 minutes* | *Réfrigération : 2 heures* | *Réalisation : facile* | *Coût : bon marché*

## › MA VARIANTE

### MOUSSE AU CHOCOLAT ET À LA MENTHE

150 g de chocolat noir, 6 œufs, 50 g de chocolat noir fourré à la menthe. Faites fondre les 2 chocolats dans une casserole au bain-marie. Cassez les œufs en séparant les blancs des jaunes. Montez les blancs en neige bien ferme. Battez les jaunes et ajoutez-leur les chocolats fondus. Remuez vivement. Ajoutez délicatement les blancs en neige. Versez dans des verrines et réservez 4 heures au frais. Vous pouvez aussi confectionner une mousse chocolat-orange. Ajoutez le jus et le zeste de 1 orange à la place des 50 g de chocolat noir à la menthe.

## › JE SERS AUTREMENT

Servez les mousses dans des cuillères de présentation et disposez-en 3 sur une assiette carrée ou rectangulaire avec 2 petits cakes par assiette.

# Panacotta à la gelée de framboise

*Ces jolies verrines rouge et blanc vous laisseront un souvenir gourmand inoubliable. Et, il n'y a rien de compliqué dans ce dessert éprouvé.*

## *Ingrédients*

POUR 4 VERRINES

**Pour la panacotta**

- 15 cl de lait
- 25 cl de crème liquide
- 60 g de sucre
- 1 bâton de vanille
- 2 feuilles de gélatine

**Pour la gelée de framboise**

- 200 g de framboises
- 2 cuil. à soupe de sucre
- 1/2 feuille de gélatine



1

2

3

4

5

6
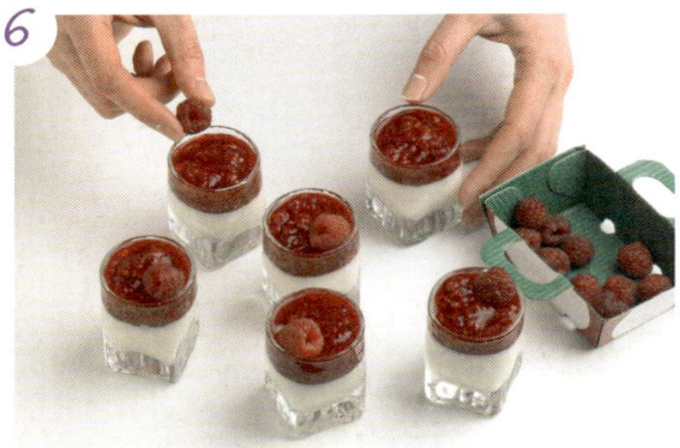

*1* • Mettez les feuilles de gélatine dans l'eau froide pour les ramollir. Fendez la gousse de vanille en deux dans la longueur. Faites chauffer le lait avec le sucre et la gousse de vanille.

*2* • Au frémissement, ajoutez la crème dans la casserole. Puis retirez du feu. Essorez la gélatine dans vos mains et ajoutez-la dans la casserole, mélangez.

*3* • Retirez la gousse de vanille, grattez la pulpe avec la lame d'un couteau et rajoutez-la dans la préparation. Versez la panacotta dans les petits verres. Laissez refroidir et placez les verrines au frais.

*4* • Mettez 100 g de framboises dans une assiette creuse, et écrasez-les à la fourchette. Prélevez une cuillerée à soupe de framboises écrasées et faites-la chauffer 30 secondes dans un bol, au four à micro-ondes.

*5* • Ajoutez la 1/2 feuille de gélatine à la pulpe chauffée et remuez vivement. Ajoutez-la aux framboises écrasée ainsi que le sucre, et remuez.

*6* • Ressortez les verrines de panacotta, et répartissez dessus la pulpe de framboises. Puis, décorez les verrines avec les framboises entières restantes. Replacez au réfrigérateur pendant au moins 3 heures jusqu'au moment de servir.

## MA VARIANTE

Vous pouvez préparer cette même recette avec des fraises parfumées d'une pincée de gingembre. Dans ce cas, réduisez les fraises et le sucre en coulis au mixeur, et ajoutez une feuille de gélatine entière. Vous pouvez aussi remplacer les fraises par 1 mangue ou 4 abricots. La panacotta peut être servie avec un simple coulis de fruits surgelé ou de la confiture.

## JE PRÉSENTE AUTREMENT

Vous pouvez confectionner cette recette dans des petits moules en silicone en relief. Lorsque la panacotta est bien prise, ainsi que la gelée, retournez les moules et servez ce dessert sur des petites assiettes entouré de framboises fraîches. Proposez les panacottas sur un petit plateau ou une assiette de présentation avec des petits fours : langues de chat, petites madeleines, tuiles aux amandes. Une autre idée gourmande de présentation : prenez des sablés bretons, recouvrez-les d'un nuage de chantilly en bombe, puis déposez dessus trois framboises fraîches.

# Petits-suisses à la poire

*Ne vous privez pas du souvenir nostalgique des petits-suisses de notre enfance, servis dans des petits verres, ils deviendront soudain très actuels.*

*Ingrédients*

**POUR 4 VERRINES**

- **4 poires**
- **4 petits-suisses**
- **2 cuil. à soupe de sucre en poudre**
- **4 spéculoos**
- **4 cuil. à soupe de confiture de coing**

**Pour le sirop**

- **50 cl d'eau**
- **350 g de sucre en poudre**
- **1 bâton de cannelle**



1

2

3

4

5

6

1• Préparez le sirop : versez l'eau dans une casserole, ajoutez le sucre en poudre et le bâton de cannelle. Portez à ébullition.

2• Pendant ce temps, épluchez les poires et coupez chacune en quartiers. Évidez-les et posez-les délicatement dans le sirop en ébullition.

3• Faites pocher les poires 10 minutes. Arrêtez le feu et laissez-les refroidir 30 minutes dans le sirop.

4• Broyez les spéculoos dans un hachoir électrique. Dans un bol, mélangez les petits-suisses avec les 2 cuillerées de sucre.

5• Coupez les poires pochées en petits dés. Tapissez vos petits verres d'une couche de spéculoos, puis de petits-suisses et de dés de poire.

6• Terminez par une couche de confiture (ou de gelée de coing). Vous pouvez décorer la verrine avec un morceau de cannelle.

Préparation : 25 minutes | Cuisson : 20 minutes | Repos : 30 minutes | Réalisation : très facile | Coût : bon marché

## › MA VARIANTE

**TARTARE DE POIRES À LA VANILLE**

4 poires, 20 cl d'eau, 1 gousse de vanille, 80 g de sucre roux, 1 cuil. à soupe de jus de citron. Faites un sirop avec l'eau et le sucre. Coupez la gousse de vanille en deux, et grattez les grains au-dessus de la casserole. Portez à ébullition sans cesser de remuer. À ébullition, retirez du feu immédiatement. Couvrez et laissez infuser 30 minutes. Pelez les poires, coupez-les en deux, retirez-en le cœur et les pépins. Coupez les poires en dés, arrosez-les de jus de citron pour éviter qu'elles ne noircissent. Puis mettez les dés de poire dans le sirop. Portez rapidement à ébullition. Retirez du feu et laissez complètement refroidir. Servez dans des verrines ou des petites coupelles.

## › JE PRÉSENTE AUTREMENT

Faites pocher les poires entières et disposez-les dans des verrines suffisamment hautes pour qu'elles puissent tenir debout. Avant de les poser, tapissez les verrines de petits-suisses sucrés. Puis disposez dessus les poires, arrosez-les de sirop, et saupoudrez de spéculoos émiettés.

# Pommes fondantes à la chantilly

*Si vous ajoutez à une compote de la chantilly et quelques biscuits et que vous la servez en verrines, elle se métamorphose en un mets délicat et raffiné.*

## *Ingrédients*

**POUR 4 VERRINES**

- **4 pommes**
- **80 g de beurre**
- **2 cuil. à soupe de miel**
- **1 cuil. à soupe de cassonade**
- **4 palets bretons**
- **15 cl de crème fleurette**
- **50 g de sucre glace**

**cannelle (facultatif)**

*1•* Épluchez les pommes, épépinez-les et coupez-les en lamelles.

*2•* Faites fondre le beurre dans une poêle et faites dorer les pommes une vingtaine de minutes.

*3•* Au batteur électrique, montez la crème fleurette en chantilly, ajoutez le sucre glace et battez une nouvelle fois. Réservez au réfrigérateur.

*4•* Lorsque les pommes sont bien fondantes, incorporez le miel et mélangez doucement. Ajoutez le sucre et laissez caraméliser quelques minutes à feu doux.

*5•* Montez les verrines : émiettez les palets bretons au-dessus des verrines et tapissez-en les verres.

*6•* Répartissez les pommes dans les verrines et couvrez-les de chantilly. Vous pouvez aussi les saupoudrer de cannelle.

Préparation : 15 minutes | Cuisson : 25 minutes | Réalisation : très facile | Coût : bon marché

## MA VARIANTE

**VERRINE DE CRUMBLE AUX POMMES**

Confectionnez la compote comme indiqué, faites la chantilly et réservez-la. Remplissez les verrines de compote et réservez-les. Préparez la pâte à crumble : dans un saladier, mettez 80 g de beurre en dés, 80 g de sucre roux et 120 g de farine. Émiettez l'ensemble du bout des doigts. Préchauffez le four à 150 °C (th. 5). Étalez la pâte sur une feuille de papier sulfurisé posée sur la plaque du four et enfournez de 15 à 20 minutes. Répartissez la pâte sablée sur les verrines et servez.

## JE RAJOUTE

Dans la compote des raisins secs, des abricots secs et quelques noix concassées.

## JE SERS AUTREMENT

Servez dans des cuillères de présentation : répartissez les pommes fondantes et couvrez-les d'une pointe de chantilly. Saupoudrez de cannelle et servez sur des plateaux individuels, avec quelques mignardises maison : petites madeleines ou mini-cakes. Pour les enfants et les gourmands, ajoutez quelques bonbons.

# Riz au lait aux pommes caramélisées

*Ce dessert tout simple est délicieux, crémeux et très parfumé grâce aux saveurs délicates de la vanille Bourbon et des pommes caramélisées.*

## *Ingrédients*

POUR 4 VERRINES

**Pour le riz**

- 75 cl de lait entier
- 100 g de riz rond
- 30 g de sucre en poudre
- 1 cuil. à café rase de vanille Bourbon en poudre
- 1 cuil. à café d'extrait de vanille
- 1 pincée de sel



**Pour les pommes caramélisées**

- 4 Granny Smith
- 20 g de beurre salé
- 20 g de sucre en poudre
- 2 pincées de vanille Bourbon en poudre
- 4 cuil. à café de sirop d'érable

1

2

3

4

5

6

1• Rincez le riz sous l'eau froide. Faites bouillir le lait dans une grande casserole à fond épais avec une pincée de sel, la poudre et l'extrait de vanille. Ajoutez le riz et mélangez.

2• Couvrez et laissez cuire 40 minutes à feu doux en remuant de temps en temps. Ajoutez le sucre, mélangez et laissez refroidir.

3• Épluchez les pommes, retirez le cœur et coupez-les en gros dés. Faites fondre le beurre dans une poêle, versez le sucre et laissez légèrement caraméliser.

4• Ajoutez les pommes et la vanille en poudre dans la poêle. Mélangez et laissez cuire 10 minutes à feu doux, jusqu'à ce que les pommes soient fondantes et bien caramélisées.

5• Répartissez le riz au lait dans des verrines.

6• Disposez par-dessus les pommes caramélisées tièdes. Nappez de sirop d'érable.

## › MA VARIANTE

**RIZ AU LAIT À LA CANNELLE**
120 g de riz rond, 100 g de sucre, 75 cl de lait entier, 20 cl de crème liquide, 1 cuil. à soupe de cannelle en poudre, 1 cuil. à café de vanille en poudre, 1 pincée de sel, 50 g de raisins secs. Dans une casserole, versez le lait, la crème, le sel, la vanille et la cannelle. Portez à ébullition et versez le riz. Laissez cuire 30 minutes à feu doux en remuant de temps en temps. À mi-cuisson, ajoutez le sucre et les raisins secs. Le riz est cuit lorsqu'il reste un peu de lait dans la casserole. Répartissez-le dans des verrines et saupoudrez de cannelle en poudre.

## › MON ASTUCE

Le riz cuira plus rapidement si vous le faites pocher 2 ou 3 minutes dans un grand volume d'eau bouillante avant de le verser égoutté dans le lait.

# Sabayon de fruits rouges

*Découvrez cette crème fluide et onctueuse qui accompagne des fruits rouges. Ce dessert nécessite peu d'ingrédients et ne revient pas très cher. Présentez-le dans des petits moules à gratin.*

## *Ingrédients*

POUR 4 À 6 VERRINES

- 4 jaunes d'œufs
- 80 g de sucre
- 15 cl de vin doux (muscat)
- 250 g de fruits rouges surgelés

1

2

3

4

5

6

*1*• Faites décongeler les fruits rouges plusieurs heures à l'avance, ou faites-les décongeler 5 minutes au micro-ondes.

*2*• Préparez la crème : dans une jatte, fouettez les jaunes d'œufs avec le sucre jusqu'à obtention d'un mélange mousseux, ajoutez le vin.

*3*• Préparez une cuisson au bain-marie : remplissez une grande casserole à moitié d'eau. Disposez le saladier de crème dans la casserole.

*4*• Battez au fouet 10 minutes, la crème doit légèrement épaissir.

*5*• Répartissez les fruits rouges dans les moules. Versez dessus la préparation à la crème.

*6*• Enfournez 5 minutes sous le grill du four, vérifiez que le sabayon a une belle couleur dorée, laissez tiédir et servez.

## › JE PRÉSENTE AUTREMENT

Pour un dîner des grands soirs, servez le sabayon dans des coupes. Dans ce cas, comme le dessert ne peut passer au four, laissez épaissir la crème 3 minutes de plus. Une fois les crèmes dans les verres avec les fruits rouges, utilisez un chalumeau pour les faire dorer.
De la même façon, présentez le sabayon dans dans des cuillères en porcelaine. Vous pouvez aussi le proposer dans des minicocottes ou dans tout autre contenant passant au four (ramequins, cassolettes...)

## › JE REMPLACE

Les fruits rouges par des fraises ou par des framboises.

## › MON TRUC DE CUISINIER

La crème du sabayon doit être aérienne et onctueuse, elle ne doit pas être trop liquide. Si tel est le cas, c'est que vous n'avez pas suffisamment fait cuire la préparation aux œufs. Vérifiez la cuisson en trempant une cuillère en bois dans la crème : elle doit napper la cuillère. Pour un dessert encore plus soigné, faites caraméliser 15 g de pignons de pin dans un caramel (15 g de sucre et 25 g d'eau). Puis parsemez-en le sabayon au moment de servir.

# Salade de fruits au caramel et pralines

*Ces verrines en chaud-froid réservent bien des surprises. La salade de fruits, alliant douceur et acidité, est servie très fraîche, arrosée d'un caramel chaud et nappée de pralines.*

## *Ingrédients*

**POUR 4 VERRINES**

- **1 mangue**
- **1 banane**
- **1 petite boîte d'ananas au sirop**
- **150 g de fraises**
- **80 g de sucre**
- **40 g de beurre**
- **le jus de 1/2 citron**
- **10 pralines**

1

2

3

4

5

6

*1•* Égouttez les tranches d'ananas et coupez-les en petits morceaux. Mettez-les dans un saladier. Rincez les fraises et égouttez-les. Puis équeutez-les. Coupez-les en quartiers et ajoutez-les dans le saladier.

*2•* Pelez la mangue. Prélevez des morceaux de pulpe autour du noyau et coupez-la en petits cubes. Épluchez la banane et coupez-la en rondelles.

*3•* Mettez tous les fruits coupés dans le saladier, arrosez-les de jus de citron et mélangez (réservez une cuillerée à soupe de jus de citron). Puis répartissez les fruits dans quatre verrines. Placez-les au frais.

*4•* Concassez grossièrement les pralines dans un mortier, ou écrasez-les avec le dessous d'un verre dans un torchon.

*5•* Pour le caramel : dans une casserole, faites chauffer à feu doux le sucre, 10 cl d'eau et 5 cl de jus d'ananas. Lorsque le caramel commence à blondir, ajoutez la cuillerée de jus de citron réservé et le beurre coupé en morceaux. Mélangez.

*6•* Lorsque le caramel est bien lisse, retirez la casserole du feu et laissez-le tiédir. Sortez les verrines de fruits et nappez-les aussitôt de caramel, puis parsemez-les de pralines concassées. Servez immédiatement.

*Préparation : 15 minutes* | *Cuisson : 10 minutes* | *Réalisation : très facile* | *Coût : bon marché*

## MA VARIANTE

Vous pouvez parfumer la salade de fruits avec 1/2 cuillerée à café de cannelle et de gingembre en poudre, ou un sachet de sucre vanillé. De même, il est possible de parfumer le caramel avec une cuillère à café d'extrait de vanille ou une cuillère à soupe d'eau de fleur d'oranger.

## JE M'ORGANISE

Préparez les verrines avec la salade de fruits quelques heures à l'avance et mettez-les au frais. Le caramel peut aussi être préparé à l'avance et réchauffé. Il est préférable de le servir tiède et, pour cela, de le verser au dernier moment sur les fruits. Utilisez des verres épais et résistant à la chaleur.

## JE REMPLACE

Vous pouvez servir ces verrines sans pralines, ou remplacer celles-ci par des noisettes ou des cerneaux de noix de pécan hachés grossièrement au mixeur ou écrasés enveloppés dans un torchon au rouleau à pâtisserie. Vous pouvez préparer ce dessert avec d'autres fruits aux parfums à la fois doux et acidulés, comme une pêche et deux kiwis, des fraises et une banane.

# Tiramisu aux fraises

*Essayez le mélange mascarpone-fraises, tout simplement irrésistible !*
*Un dessert crémeux et léger à la fois, facile à réaliser. À préparer la veille.*

*Ingrédients*

**POUR 4 VERRINES**

- **400 g de fraises**
- **10 biscuits à la cuiller**
- **2 œufs**
- **150 g de mascarpone**
- **60 g de sucre**
- **sirop de grenadine**



1

2

3

4

5

6

1• Cassez les œufs en séparant les blancs des jaunes. Dans une jatte, fouettez énergiquement les jaunes avec le sucre. Ajoutez le mascarpone et fouettez de nouveau.

2• Montez les blancs d'œufs en neige et ajoutez-les délicatement, sans les casser, à la préparation au mascarpone.

3• Lavez les fraises, équeutez-les, coupez-les en petits dés et réservez-les. Coupez les biscuits à la taille des verrines.

4• Mettez les biscuits dans une assiette creuse et imbibez-les de sirop de grenadine. Tapissez les verrines d'une première couche de biscuits.

5• Couvrez les biscuits de fraises, d'une couche de mascarpone et d'une seconde couche de biscuits à la grenadine.

6• Couvrez de dés de fraises et de mascarpone et réservez au frais toute la nuit. Au moment de servir, versez un petit filet de sirop de grenadine sur les verrines.

## › MA VARIANTE

**TIRAMISU AUX POMMES CARAMÉLISÉES**
80 g de sucre, 2 pommes, 10 g de beurre salé, 200 g de mascarpone, 2 œufs, 4 tranches de pain d'épices. Pelez les pommes, épépinez-les et coupez-les en cubes. Dans une petite casserole, faites un caramel à sec avec 40 g de sucre. Ajoutez les pommes et le beurre, remuez sans cesse et laissez dorer 5 minutes. Cassez les œufs en séparant les blancs des jaunes. Fouettez les jaunes avec le reste du sucre. Ajoutez le mascarpone. Montez les blancs en neige et incorporez-les délicatement à la préparation. Mixez les tranches de pain d'épices. Montez les verrines en alternant des couches de miettes de pain d'épices, de mélange au mascarpone et de pommes. Gardez au frais au moins 4 heures avant de servir.

## › JE REMPLACE

Les fraises par tout autre fruit de saison.

# Index